PINGPANGQIU
YUNDONG DE DUOWEIDU YANJIU
YU JIQIAO TANSUO

乒乓球运动的多维度研究与技巧探索

马丽 著

中国纺织出版社

内容提要

本书以乒乓球运动为研究对象，对乒乓球运动的多方面内容进行了研究与探索，主要涉及乒乓球运动的概述、产业化发展、人才选拔、竞赛组织、体能训练、技术技巧、战术技巧等。全书内容丰富、逻辑性强、语言通俗，集理论性与科学性于一体，能够丰富读者的乒乓球运动知识，指导其乒乓球运动实践。

图书在版编目(CIP)数据

乒乓球运动的多维度研究与技巧探索 / 马丽著.
-- 北京 ：中国纺织出版社，2015.6 (2025.4重印)
ISBN 978-7-5180-1673-0

Ⅰ. ①乒… Ⅱ. ①马… Ⅲ. ①乒乓球运动—研究
Ⅳ. ①G846

中国版本图书馆 CIP 数据核字(2015)第 120233 号

责任编辑：张向红　　　　责任印制：储志伟

中国纺织出版社出版发行
地址：北京市朝阳区百子湾东里 A407 号楼　邮政编码：100124
销售电话：010—67004422　传真：010—87155801
http://www.c-textilep.com
E-mail:faxing@c-textilep.com
中国纺织出版社天猫旗舰店
官方微博 http://www.weibo.com/2119887771
北京通天印刷有限责任公司印制　各地新华书店经销
2015 年 6 月第 1 版　2025 年 4 月第 3 次印刷
开本：710×1000　1/16　印张：16.5
字数：214 千字　定价：42.00 元

凡购本书，如有缺页、倒页、脱页，由本社图书营销中心调换

前　言

乒乓球是体育中的重要项目，被称为我国的“国球”，是我国体育中夺冠最多、影响力最大、有着最大优势的运动项目。乒乓球运动不仅在竞技方面有着较为显著的优势，其在健身方面也有着非常重要的影响。乒乓球运动的群众基础较为广泛，男女老少都能参与，经常进行乒乓球运动锻炼能够强身健体、改善心理状态。除此之外，乒乓球运动在文化、经济等领域也有着重要的作用和意义。这是乒乓球运动得以广泛传播并且发展势头较好的重要原因。

当前，对乒乓球运动的研究相对较多，并且取得了一定的研究成果。但是同时，乒乓球运动方面的研究也存在着一定的问题，比如，研究的内容深度较为浅显、涉及的研究领域较为单一、研究的角度较为普遍等等。为了解决上述问题，进一步完善乒乓球运动的研究工作，特意撰写了《乒乓球运动的多维度研究与技巧探索》一书，希望能够为乒乓球运动的进一步发展提供一定的理论依据。

本书共有七章，第一章对乒乓球运动的发展、特点功能以及重要机构与赛事等基本知识进行了阐述，能够使人们对乒乓球运动建立一个初步的概念；第二章至第五章，分别对乒乓球运动的产业化、人才选拔、竞赛组织、体能训练等几个方面进行了深入地剖析，使人们对乒乓球运动有更加全面的了解和认识；第六章和第七章则分别对乒乓球运动的技术和战术技巧进行了探索和研究，为人们参与乒乓球运动提供了科学的指导。

本书语言简洁凝练、结构系统明了，知识点丰富，通过理论与实践的有机结合，对乒乓球运动进行了全面而深入地分析和探索，充分体现出了科学性、全面性、系统性、时效性等特点，是一本具有重要借鉴意义的专业性学术著作。

本书在撰写过程中参考并借鉴了部分专家学者的研究成果和观点，在此表示最诚挚的感谢！另外，由于受到时间和精力的限制，书中难免会出现不足之处，敬请广大读者指正。

作　者

2015 年 3 月

目　　录

第一章　乒乓球运动概述

乒乓球运动自从在英国诞生以来便受到了全世界体育爱好者的广泛欢迎，尤其是在中国，更是将乒乓球视为“国球”。本章从乒乓球的诞生与发展、特点与功能、发展趋势以及重要组织机构和赛事等几个方面对乒乓球运动进行概述。

第一节　乒乓球运动的诞生与发展历程

了解乒乓球运动的诞生和发展对于深入研究乒乓球运动是非常重要的。本节将就这两方面的内容进行重点的阐述。

一、乒乓球运动的诞生

乒乓球运动于 19 世纪末期起源于英国，随后在整个欧洲蔓延开来。乒乓球运动的起源与网球有着千丝万缕的关系，乒乓球运动的英文为 Table Tennis，直译过来就是在桌子上打的网球。相关文献记载，19 世纪后半叶左右，很多英国大学生受到网球运动的启示，一种极类似现在乒乓球的室内游戏逐渐风靡开来。这种运动在发球时，可将球直接发到对方台面或者把球先发到本方台面再跳至对方台面。球拍用羊皮纸贴成，形状为长柄椭圆形，内部是空心的。为了防止球乱跳损坏其他设施，在橡胶或软木实心球外，往往包一层轻而结实的毛线。这种游戏可以饭桌上支起网来打，甚至可以简单在地板上用两个椅子当作支柱，中间挂起网就能进行。虽然凭借当时的器材不能保证比赛的激烈性，但仍然有很强的趣味性。这种游戏在最早期的名称是"弗利姆佛拉姆"(Flim-Flam),或者叫作"高希马"(Goossime)。这种游戏在当时规则并不统一,有 10 分、20 分为一局的,也有 50 分或 100 分为一局的。

后来,一位名叫詹姆斯·吉布(James Gibb)的英格兰人到美国旅行时,偶然发现了一种用赛璐珞材质制成的空心玩具球具有较强的弹性。所以他将这种材质的球运用到这项游戏中,代替了橡胶和实心球。1890 年前后人们开始使用赛璐珞球,这种材质的球逐步在英国和世界各地获得广泛推广。由于当时普遍使用那种球拍当击到球和球碰台时会发出奇特的"乒乓"声音,所以这项运动就非常形象地被命名为"乒乓球"。最初乒乓球流行于宫廷、贵族之间,后来由于其独特的魅力开始风靡在欧洲的各个角落,最终走向世界。

二、世界乒乓球运动的发展历程

(一)欧洲的全盛时期

1926—1951 年是欧洲乒乓球运动发展的全盛时期。这 25 年间共举办了 18 届世乒赛,只有一届是在欧洲以外的地方举办的,那唯一的一届——第 13 届的比赛是在非洲的埃及举办的。在世乒赛的所有 7 个正式的比赛项目中,除 8 项冠军由美国选手获得外(第 11 届女子单打决赛没能确定冠军),其余 109 项均由欧洲选手获得,占全部金牌总数的 93.1%,欧洲占有绝对的优势,因此,这一时期是欧洲乒乓球的全盛时期。

在乒乓球运动发展中,这一时期是乒乓球运动发展历程当中的相当长的一个阶段。在技术打法方面来说,流行的主要是以削为主或削攻结合型打法,在那一时期,比赛的指导思想就是自己少失误,迫使对方失误增加。其中原因包含以下几点。

第一,运动员使用的胶皮拍有利于削球打法的运用,胶皮拍的特点是弹力小、易掌握，有一定的摩擦力，可让球旋转。

第二，当时的乒乓球技术处于初级阶段，并没有人掌握了高级或难度大的技术。削球失误少，攻球失误很多，尤其是加力的大板扣杀，技术难度更大。作为当时的运动员来说，做出这种选择是非常容易理解的。

第三，乒乓球台窄，球网高（当时的球台宽为 146.4 厘米，球网高 17 厘米）。这种球台也有利于防守。

稳健的削球打法是这一时期的主要技术打法，不过由于在这一时期乒乓球比赛并无时间限制，所以比赛往往会使人感觉非常冗长乏味。因此，在第 11 届世乒赛之后，国际乒联对比赛规则做出了以下三个方面的修改。

第一点是从比赛器材方面。球台从 146.4 厘米宽加宽到 152.5 厘米，球网从 17 厘米高降低到 15.25 厘米。

第二点是发球技术方面。发球时不能用手指拨动球使其旋转。

第三点是比赛时间方面。在五局三胜的比赛当中，比赛时间不得超过 1 小时 45 分钟，在三局两胜的比赛当中，比赛时间不得超过 1 小时。

（二）日本乒乓球称雄时期

1952—1959 年间是日本乒乓球称雄的时期。1928 年，日本乒乓球协会加入国际乒乓球联合会，并于 1952 年首次参加世乒赛。日本选手采用全新的直拍全攻型打法，这使得欧洲乒乓球运动员在技术上受到了很大的冲击，日本乒乓球运动员也因为这一技术，连续击败了许多欧洲名将，一举夺得男子单打、男子双打、女子团体和女子双打共四项冠军。在第 21 届至 25 届世乒赛中蝉联男团冠军，并多次获得 5 个单项的冠军，共计 24 项次。在第 21 届世乒赛上，日本乒乓球队同时获得男女两项团体冠军。第 25 届，日本队更是一举夺得 7 项冠军中的 6 项冠军，取得了划时代的成功。他们之所以能够取得如此优秀的成绩，其主要原因包括以下两点。

1. 打法的独特创新

直拍远台长抽进攻型打法是日本的独树一帜的打法。

2. 球拍的革新

日本选手运用了海绵球拍，这种球拍的使用提高了乒乓球的速度和旋转，同时也使乒乓球技术推进到快速阶段。

因此，从那一时期开始，世界乒乓球技术从欧洲的防守削球时代进入了亚洲的积极进攻时代。

（三）中国乒乓球的崛起

1959—1969 年，是中国乒乓球运动崛起的年代。1952 年 3 月，中国加入国际乒乓球联合会，在 1953 年第一次参加了世乒赛。此后，通过长期不懈的努力，容国团在第 25 届世乒赛中成功夺得男子单打冠军，这是中国第一枚男子单打世界金牌，是历史性的突破。1961 年至 1965 年的 3 届世乒赛的比赛中，中国队又以独特的打法，夺得 11 项冠军，占金牌总数的 52%，其中男子团体和男子单打保持了“三连冠”。在第 28 届锦标赛中，中国队更是一举夺得了男女团体、男女双打、男子单打共 5 项冠军，达到了中国乒乓球队参加世乒赛后的第一个高峰，也标志着中国乒乓球队已进入世界先进行列。

中国乒乓球运动的崛起主要有以下几点原因。

1. 独特的技术

“快、狠、准、变”是中国乒乓球队的一贯技术风格。

2. 不断创新的技术打法

中国的积极、主动、快速的直板近台快攻打法，遏制了日本队的中远台的攻势，也控制了欧洲的旋转。

3.战术应用得当

在比赛中，中国队采用了快打狠压侧身攻和反复调动等一系列有效战术。

（四）欧洲复兴、欧亚争夺时期

1971—1988年是欧洲乒乓球开始复兴，且欧亚进入争夺阶段的重要时期。进入20世纪70年代，世界乒乓球技术的发展突飞猛进，欧洲运动员在结合了中国快攻和日本弧圈的优点的基础上，创造了弧圈结合快攻和快攻结合弧圈的新型打法，在比赛中给亚洲选手很大的威胁。欧洲涌现出一大批有实力的年轻选手，其中的代表有瑞典队的本格森，匈牙利队的约尼尔、克兰帕尔，苏联的萨尔霍扬和捷克斯洛伐克的奥洛夫斯基等乒乓球运动员。第31届世乒赛上，瑞典队的本格森夺得了男子单打冠军；第32届世乒赛上，瑞典男队打破了亚洲保持长达20年之久的团体冠军纪录；在第33届的世乒赛上，约尼尔和斯蒂潘契奇之间进行了激烈的男单决赛；第35届世乒赛上，匈牙利队夺走了斯韦思林杯，而南斯拉夫男队夺得男双冠军。欧洲选手在经过20年的努力之后，最终走上了复兴之路。欧洲乒乓球能够获得复兴，主要由于以下四个原因。

第一，在打法全面的基础上突出技术特长。欧洲选手在拉、冲、扣等技术上结合自如，正手、反手、侧身都能进攻，下旋、上旋也能攻，还创造出了半推半搓式的接发球方法。

第二，打法推陈出新。他们吸取了中国快攻打法和日本的弧圈球打法的优点，结合自己的传统打法，创造出横拍弧圈球结合快攻和快攻结合弧圈球两种新打法。

第三，多变的战术运用。欧洲选手在战术上也有明显的优势，特别是在比赛中的攻防转换快和多，突出了他们的战术变化。

第四，比赛与训练相结合。欧洲选手的训练和比赛结合紧密，有时训练就是比赛，同时比赛也就是训练，因此他们对比赛的适应能力很强，尤其是比赛时心理素质的稳定性更为突出。欧洲乒乓球职业化迅速发展，各种比赛频繁，加上待遇优厚，极大地促进了欧洲乒乓球技术的发展。欧洲的复兴与亚洲形成了抗衡和争夺之势。

（五）中国乒乓球发展的鼎盛时期

1991 年至今是中国乒乓球发展最鼎盛的时期。中国队继 1981 年赢得冠军之后，经过 14 年的奋斗，从低谷一拥而上，一举夺得第 43 届世乒赛上全部比赛的 7 项冠军，真正重攀高峰，再创辉煌。

中国乒乓球队自第 43 届世乒赛上获得全胜后，从真正意义上改变了自 20 世纪 80 年代末至 90 年代中期世界乒坛的实力次序。在 44 届世乒赛上，中国男女队再次保持荣誉，夺得 6 金。1999 年第 45 届世乒赛单项比赛，中国队又一次大获全胜，包揽了 5 个单项的冠亚军。2001 年第 46 届世乒赛上，中国男女队包揽了所有项目的 7 块金牌。从 2001 年开始至 2012 年，从第 46 届世乒赛到第 51 届世乒赛，中国乒乓球队包揽了所有项目的冠军。第 52 届世乒赛，中国乒乓球队也将男团、女团、男单、女单和女双冠军收入囊中。

中国乒乓球队逐步进入鼎盛发展时期，其主要原因有以下几点。

1. 培养运动员的机制不断完善

乒乓球在中国拥有广泛的群众基础，被誉为中国的“国球”。国家级的运动员一般都是由县、市、省等各级体校多年的精心培养而输送的优秀选手，他们都是各自省里的优秀队员。

2. 不断创新改革赋予中国乒乓球队以蓬勃生命力

从“快、狠、准、变”的基础上，增加“转”，从学习、掌握弧圈球发展丰富中国的直板近台快攻打法，从用直拍反胶打快攻到运用两面不同性能的球拍主动进攻，从创新直拍反面击球技术等，都是中国乒乓球队长盛不衰的主要原因。

3. 大胆起用新人，技术打法不断升级

中国乒乓球队经常大胆起用新人，比赛中出奇兵。随着新的乒乓球运动员的加入，技术打法方面也在不断更新和升级。

4. 知彼知己，百战不殆

赛前中国队在训练中会将国外主要选手的技战术优点和缺点仔细进行分析，研究出周密细致的对策，常派专人模仿国外选手进行陪练。“知彼知己，百战不殆”是中国队比赛中取胜的关键。

中国乒乓球运动之所以在不断发展，并且越来越强盛，也促使世界的乒乓球技术进入更高的发展阶段，即速度、力量、旋转和变化紧密结合。乒乓球运动规则也发生很大的变化，主要包括以下几个原因。

第一，比赛用球方面，乒乓球由重 2.5 克改为重 2.8 克，直径 38 毫米改为 40 毫米。

第二，发球方面。发球时要求无遮挡发球，发球由每一方运动员连续发 5 个球进行换发球，改为连续发两个球进行换发球。

第三，在比赛的胜负方面。每局比赛由 21 分制改为 11 分制，一场比赛由三局两胜制或五局三胜制改为七局四胜制。

三、乒乓球运动在中国的发展

乒乓球进入中国是在 1904 年，当时上海一家文具店经理王道平去日本采购物品，看到了乒乓球表演并买器材带回国内，由此乒乓球运动逐渐在中国发展开来。

（一）旧中国乒乓球运动的发展

乒乓球进入中国后，最先在上海发展起来，1923 年，全国乒乓球联合会在上海成立。在1925年和1927年与日本的对抗赛中的良好战绩使得民众练习乒乓球运动的热情不断高涨。但由于受政治、经济等因素的影响，旧中国的乒乓球运动发展缓慢、技术水平差、竞赛组织无序。

（二）新中国乒乓球运动的发展

新中国成立后，党和国家领导人十分重视乒乓球运动的发展，自1953年起，中国正式走向世界乒坛，并逐步迈入世界强队之列。乒乓球运动在新中国的发展主要经历了以下几个阶段。

(1)1953—1957年：中国乒乓球运动初涉世界乒坛，积极学习西方先进的乒乓球技术，吸收他人特长、总结自身优点，推陈出新，乒乓球运动稍有起色，先后培养了一批横拍削球的优秀选手。

(2)1959—1965年：1959年，容国团赢得中国乒乓球运动史上的第一个世界冠军，极大地鼓舞了民众。国家十分重视乒乓球运动的发展，加强了对优秀运动员的培养。1961年，中国首次举办世乒赛（第26届），共获得3项冠军（男团、男单、女单），四项亚军（女团、男单、女双、混双）以及8个季军。这一胜利掀起了国人的学习乒乓球的热潮。在此后的第27届、第28届世乒赛上，中国乒乓球队再次获得骄人的赛绩。

(3)1971—1994年：由于历史原因，在我国中断了与世界的交往，乒乓球运动技术发展缓慢，后通过学习国外先进的乒乓球技术和分析自身的优缺点，我国先后涌现出郗恩庭、郭跃华、齐宝香、曹燕华等优秀运动员。但我国的乒乓球技术不够稳定，在1979年的第35届世乒赛上，中国队在女子项目上全部夺冠，但在男子项目上均告失败。之后，中国乒乓球队发愤图强，不断进行技术创新，在20世纪80年代的第一次世乒赛中，获得7项冠军和5个单项亚军，重新确定了中国队在世界乒坛的地位。之后，因长期沉浸于夺冠的胜利中，忽视对潜在失败因素的分析和避免，在20世纪80年代最后一次世乒赛上，乒乓球男队一无所获。在第41届世乒赛上，男队跌入低谷，女队也遇到瓶颈。这些现象引起了中国乒乓球界的高度关注和重视。中国乒协组织优秀教练员分析形势、切中时弊，确定了中国乒乓球队今后努力的方向。

(4)1995至今：中国乒乓队经过不断的磨砺，在第26届、第27届、第29届、第30届奥运会上均总揽4枚金牌。在国际各项大型乒乓球赛事中，中国乒乓球队一次又一次捍卫了我国在乒乓球运动项目上的霸主地位。

中国乒乓球经历了几十年的艰难曲折，每一个坚实的脚印都凝聚了一代又一代党和国家领导人、教练员、运动员和工作人员的辛勤劳动和付出。世界各国对中国乒乓球选手的挑战还在，中国乒乓球运动也必将在挑战中不断获得进步和发展。

第二节　乒乓球运动的特点与功能

乒乓球运动有着其自身独有的特点，同时还有着其他运动不可替代的功能。本节将就这两方面内容进行详细的分析。

一、乒乓球运动的特点

（一）器材设备简单

乒乓球运动是由两名或两队选手在一个长2.74米、宽1.525米、高0.76米的球台上进行的运动。台子可用任何材料制成，常见的有木制球台和大理石球台，台面的厚度无具体规定，但应具有均匀、合适的弹性，具体的弹性要求是用标准乒乓球从台面上空30厘米处落下后弹起23厘米即为合适。台子中间放置一个高度为15.25厘米的网子，台面四周应画上2厘米宽的白线，双打时还需在台面中央画一条3毫米宽的白线。球台的颜色不限，但台面应呈均匀的暗色，无光泽，一般多为墨绿色和海蓝色（目前大型比赛常选用海蓝色球台同红色地面、黄色乒乓球相配套）。

乒乓球运动所需要的场地空间不是很大，一般场地为 20 米长，7 米宽，4 米高。其面积仅是足球场的 1/73、网球场的 1/7。由此可见，该项运动在场地方面的限制性是非常小的，因此，很多国家早已将乒乓球运动引入家庭。

（二）球体轻、球速快

乒乓球运动是世界上开展得十分广泛且受人们喜爱的一项体育活动。在中国，乒乓球更是有着“国球”的称号。

乒乓球是最小的球类体育运动，以往球体直径仅为 38 毫米，重 2.5 克。从 2000 年 10 月 1 日开始使用直径为 40 毫米的大球，球重 2.7 克。球应用赛璐珞材料或类似的塑料制成。在比赛中可以适用白、黄、橙三种颜色的球。

乒乓球与排球、网球、羽毛球、毽球、藤球等均属隔网竞技的同一项群运动，乒乓球还同网球、羽毛球一道被称为“三拍运动”。乒乓球在体育运动项目中常被认为是“聪明人的运动”。素以速度快、变化多、技巧性强、趣味性高而著称，其球速最快可达 50 米/秒左右，加转弧圈球的转速高达 176 转/秒，各种不同的旋转多达 26 种。同时，乒乓球球小速度快，变化多，能够造就练习者在短时间内拥有对瞬息万变的击球的较强的反应能力和应变能力。

（三）广泛群众性

乒乓球运动员的反应时排在各项运动员之首，其次是击剑运动员、排球运动员、足球和冰球运动的守门员。同时，乒乓球运动本身对于参与者的身体条件的限制也不是很大，年幼者、年长者、体弱者、伤残者等参加乒乓球运动都不困难。历届中国乒乓球男子世界冠军级运动员的平均身高只有 1.72 米，女运动员平均身高只有 1.62 米，与普通人的身高并没有很大的差距。世界著名的乒乓球运动员中，既有身高 1.90 米以上的高大者，又有 1.50 米的矮小者。乒乓球运动的这一特点，为大量的普通人提供了广泛的参与机会。

正因为乒乓球运动的设备比较简单，在室内外都可以进行，运动量可大、可小，不同年龄、不同身体条件的人都可以参加活动。因此，它具有广泛的适应性和较高的锻炼价值，比较容易开展和普及。

（四）运动量可控性

现代乒乓球比赛规则规定，比赛所用的场地应不少于 14 米长、7 米宽、5 米高。在乒乓球比赛中，运动员需要在这样的空间内不停地进行移动，并作出各种击球动作。

不同的人群在练习乒乓球技术时，可以根据对手的技术水平和自身的运动能力，选择自己在场中移动的范围大小、移动的频率，因此，乒乓球运动的运动量具有可控性，适合各种身体健康的人群进行练习。例如，在非正规的乒乓球比赛中，如果是两个人进行单打，那么比赛双方可根据个人体质体能状况确定比赛时间的长短和中场休息时间的长短；如果是 3 人或是多人共用一张球台进行技术切磋，那么可采用轮换法分别进行比赛或先打一局，输的一方下台，台下的人向赢的一方继续挑战依次进行比赛，另外，还可以结合实际情况规定一局比赛采用 6 分制、11 分制还是 21 分制。

（五）娱乐健身性

乒乓球运动击球的技巧性强，运动的趣味性高，很容易被大众所接受，具有很强的娱乐性。

同时，由于乒乓球速度快，变化多，要求练习者在短时间内对瞬息万变的击球有较强反应能力和应变能力，有很好的健身效果。经常参加这项运动可以发展人的灵敏性和协调性，提高动作的速度和上、下肢活动的能力。对人的心脑血管系统的机能进行改善，同时起到促进新陈代谢，增强体质的作用，在精神意志方面，乒乓球能够有效培养人的勇敢顽强、机智果断等品质。

（六）技战术复杂

现代乒乓球运动经过近百年的发展，已经发展成为一项技术复杂、战术多变的球类体育运动。经过从事乒乓球研究工作的专家的分析得出，当前仅乒乓球的旋转就可分为26种之多，常用的旋转技术就有6～8种。而在乒乓球运动中，旋转技术是从发球到接发球、再到相持阶段的攻防技战术的重要组成部分，但由旋转技术的变化而形成的乒乓球技战术就是一个庞大的系统。再加上乒乓球运动中对球的速度、力量、弧度等的不同控制，由此可见，乒乓球运动中乒乓球的速度与旋转等融合到一起，使得乒乓球的“立体作战”成为可能，乒乓球的技战术也更加复杂和多变。

（七）竞技对抗性

乒乓球比赛设有单打、双打、团体项目。比赛双方运用的比赛器材也是各有不同，打法多种多样，技战术复杂、变幻莫测，使比赛充满着适应与反适应、控制与反控制的矛盾。这对每一个参赛者来说，是非常好的考验以及锻炼的机会，可以培养独立思考、单独作战及集体主义精神，通过比赛更能锻炼一个人的思想、作风、意志和智慧。这些充分体现了乒乓球运动的竞技对抗性特点。

二、乒乓球运动的功能

（一）促进生理健康

乒乓球技战术的复杂性决定了人们在乒乓运动中，能很好地锻炼身体各部分的肌肉组织和关节，能很好地提高练习者机体的灵活性、柔韧性、协调性，使人体的各器官功能都能在潜移默化中得到改善，使人体身手敏捷、四肢灵活、体型健美，具有促进练习者生理健康的价值。

1. 改善心肺功能

一般的，在有氧状态下锻炼，能使机体的各组织和器官获得充足的氧气和营养，可以促进心脏有规律地进行工作。而有氧运动能使锻炼者在氧气和营养供应充足的状态下不知不觉地延长运动时间，使心血管系统的结构和机能得到改善、心容量加大、每搏输出量增多，进而使心肌收缩力、心脏负荷能力、心脏泵血能力在运动中得到有效的提高。一般的，健康成年男子安静时心率在65～75次/秒，成年女子为75～85次/秒；而经常参加乒乓球运动的运动员在安静时，男子心率为55.65次/秒，女子为70次/秒左右。可见，乒乓球运动能有效地提高机体心脏工作效率。

乒乓球运动属于有氧运动。经常从事乒乓球运动，不仅可以锻炼练习者呼吸肌的力量，还可以增强练习者胸廓的活动度，使练习者的肺部能容纳更多的气体。在乒乓球运动过程中，随着运动时间的延长，机体会需要大量的氧气，这时机体的大部分肺泡都处于扩张充气状态，呼吸肌也在积极有力地进行收缩，胸廓扩张到最大容积，这些都有利于机体肺部呼吸能力的提高。

2. 调节神经系统的灵活性

乒乓球运动具有球速快的特点，在乒乓球运动中，球在空中飞行的速度很快。运动员在短时间内需对对方击来的球的方向、旋转、力量、落点等进行准确地观察、判断，并及时作出正确的反应。因此，经常参与乒乓球运动能调节练习者大脑神经系统的灵活性，提高机体神经系统的反应速度。

3. 增加肌肉速度力量

通过锻炼可以使肌肉发达，这是因为人体的各种运动都是通过肌肉的收缩和舒张来实现的，肌肉的收缩和舒张还能进一步带动骨骼和关节的工作来完成整个运动动作。生理学研究表明，人体的肌肉由许多条肌束构成，肌束又由许多条肌丝组成。因此，肌肉的收缩和舒张都是通过肌丝的相互滑动来实现的，肌丝在相互滑动中需要消耗很大一部分能量。

乒乓球运动中有很多移动和还原动作，锻炼者每完成一个动作都需要牵动身体的很多肌肉群参与工作，而长期的乒乓球练习需要通过肌肉的成千上万此不断的运动来反复完成动作，以形成正确的动作定型。因此，乒乓球运动可通过肌肉的不断收缩与扩张增加肌肉中的血液循环和新陈代谢，长此以往，就会使肌肉的速度和力量都有所增加。

4.提高灵敏素质

乒乓球运动中球的快速移动能很好地刺激练习者的视觉与听觉的反应速度，增强大脑神经反射弧中的感受器的敏感性，进而增强传入神经中枢的信号、提高锻炼者机体的灵敏素质。研究表明，比赛中，乒乓球运动员对来球的判断及反应时间在0.3～0.5秒之间，是所有体育运动项目的运动员中反应最快的。因此，乒乓球运动能很好地提高人们的灵敏素质。

（二）促进心理健康

乒乓球运动具有激烈的竞争性，运动员在比赛中会经历成功和失败带来的各种情绪体验。因此，乒乓球运动能提高练习者的心理素质、促进练习者的心理健康。

1.促进智力发展

乒乓球运动对于提高练习者的智力具有积极的意义。实践证明，长期参与乒乓球运动能提高练习者的注意力、记忆力、思维能力和思考能力，还能引起练习者情绪和性格的变化，这些因素都能间接地影响个体的智力水平。另外，正如我们前面所提到的：乒乓球运动能促进练习者心肺能力的提高，调节练习者大脑神经系统，这些可以为个体的智力发展提供良好的生理基础。总的来说，乒乓球运动可以促进练习者智力的发展。

2. 增进情感体验

研究表明，运动可以增进个体的情感体验，练习者在进行乒乓球锻炼时，可以保持和培养其良好的情感，消除紧张、烦躁的消极情绪，积极乐观地面对生活、工作和学习。生物化学研究表明运动过程可以增加运动者脑部的血流量，加速其体内内啡肽（一种可以促进人体产生愉悦感的物质）的释放，因此可以有效地改善人的情绪。

长期进行乒乓球练习运动，练习者就可以在运动中不断地获得运动的满足感，在与同伴的技战术交流中消除消极的情绪，将全部的注意力集中到运动中去，促进其缓解压力、体验运动的快乐，与此同时，还能促进乒乓球技战术水平的提高而使练习者增强自信心。因此，乒乓球运动给练习者带来的情感体验的过程是一个良性的循环过程，对练习者的心理健康十分有益。

3. 改善意志品质

意志品质是指个体在遭遇挫折和克服困难的过程中所形成的性格定式，这种性格定式能使个体在遭遇挫折和困难时表现和释放出来。具体来讲，良好的意志品质是指个体在遭遇困难和挫折时所表现出来的坚忍不拔、积极进取、果敢顽强、独立自主、自我控制和自我约束等精神。

乒乓球运动技战术复杂多变，需要练习者经过长期的、反复的不断练习和实践才能掌握。在枯燥的训练过程中，练习者需要不断地面对来自主观障碍（如畏惧、疲劳、伤病等）或客观障碍（如自身条件、气候、场地、器材等），进而通过努力克服这些障碍，走向成功。因此，练习者进行乒乓球运动训练的过程就是其不断应对挑战、克服困难、超越自我的过程，是培养一次次跨越障碍、走向成功的过程，是培养练习者良好的意志品质的过程。

4. 抵御心理障碍

毛泽东曾在论《体育之研究》中指出“身体是载知识之车，育道德之舍也”。充分表达了“身体健康是个体学好科学知识的基础和前提，青少年只有保证身体健康，才有精力学好科学知识，才能促进良好道德品质的形成”的意思。这就告诉我们，生理健康是心理健康的前提和保障，生理健康和心理健康二者相辅相成、不可分割。

乒乓球运动能使练习者在强身健体的同时，避免整日被焦虑、忧虑、伤心、恐惧、愤恨等消极情绪所干扰，而是以积极乐观的心态面对生活、工作、学习中的各种困难和障碍。这就避免了练习者会因长期压抑而诱发一些心理问题，出现心理疾病、甚至由此引发的社会问题（如犯罪）。调查研究表明，长期参加乒乓球运动能降低个体抑郁症的发病率。因此，我们认为，乒乓球运动对于抵御练习者发生心理障碍具有重要作用。

（三）提高社会适应能力

1.促进良好个性的形成

个性是指个体在其生理素质和心理素质的基础上，在一定的社会条件下，通过不断的实践而逐步形成的比较稳定的习惯、态度、观念和行为。个性是一个人的生理素质、心理素质和社会行为的综合，是个体适应社会的重要因素。长期参加乒乓球运动能影响一个人的能力、气质和性格等，对促进个体良好个性的形成具有重要的现实意义。

（1）乒乓球运动对个体能力的影响

乒乓球运动对个体的体能水平、运动技能和智力水平要求较高，练习者在进行锻炼的过程中，不仅需要较好的身体素质，还需要积极情感的参与。因此，乒乓球运动能使个体在运动中不断认识到自己的缺点和不足、发现自己的优势和长处，在运动中提升自我运动能力的同时，能将这种良好的行为习惯延伸到日常的生活、工作和学习中，从而使个体能正确地认识自我、提升自我。

(2)乒乓球运动对个体约束力的影响

专业的乒乓球运动队具有十分严格的管理制度和组织秩序，每一个运动员都需要服从上级的管理和团队的约束；标准的乒乓球竞赛对运动员的着装、技术行为、战术方法等都有着严格的规定。而在现实生活中，无论是学习还是工作，都会受到各种思想和行为的限制。因此，乒乓球运动能使个体学会在享受团队的激励和荣誉的同时，无条件地接受团队的管理，使个体在与群体适应的过程中提升自我约束力。

(3)乒乓球运动对个体进取精神的影响

乒乓球运动具有竞争性，个体参与乒乓球运动的目的多种多样，无论是为了健身还是为了提高技能，都要求其在练习乒乓球的过程中主动、积极、自觉的训练，不断克服困难和障碍、顽强拼搏，这有利于个体进取意识和进取精神的形成和发展。

(4)乒乓球运动对个体道德品质的影响

乒乓球运动能促使个体以高度的责任感和良好的道德品质与同伴合作。乒乓球运动能使人学会遵守竞赛规则、尊重对手、理解同伴、学会胜不骄败不馁、学会自我控制和约束、学会竞争与合作。乒乓球运动所带给练习者的复杂而快速的情感体验能促进其以正确的道德品质对待体育、对待社会生活。

(5)乒乓球运动与个体社会角色的形成

在乒乓球运动中，运动员会承担一定的角色，这个角色决定了其在由竞赛构成的社会关系里的权利和义务。如在乒乓球团体比赛中，主力队员享有两次出场机会的权利，同样表明主力队员有争取两场胜利的义务；运动员享有按照规定实施技战术行为的权力，同时也有遵守体育规范和道德规范的义务。在复杂的社会关系中，每个人都会处在一个或多个社会关系圈中，个体在享有群体荣誉的同时，有义务为实现群体的荣誉而付出努力，只有这样，个体才能被群体接受、才能巩固其在群体中的地位。

2.改善人际关系

社会是人与人组成的，社会中的人不是孤立存在的，人际关系对个体的生活和工作具有重要的影响。乒乓球运动能在一定程度上改善个体处理人际关系的能力。

(1)乒乓球运动对个体沟通能力的影响

乒乓球运动是一种对抗运动,无论是训练还是比赛,都需要两人或更多的人进行配合才能完成。这就需要练习者在相互配合中进行及时、准确、主动的语言或肢体上的沟通,从而有效地提高练习者与人的沟通能力。

以肢体沟通为例,不同的肢体语言可以表达不同的含义,例如邓亚萍勇猛泼辣的表现会在气势上令对手胆怯。在社会生活中,我们也可以从他人不同的身体语言中体会和理解其信息和含义,并做出及时、准确的回应。如在与对方的谈话过程中,对方反复地看时间,这就说明对方对谈话不感兴趣或赶时间做其他事情;而不注重观察对方的身体语言或不给予对方以回应,也会使对方对谈话不屑或淡漠或不易亲近。乒乓球运动中肢体语言十分丰富,且乒乓球本身就需要参与者在短时间内做出迅速的反应,这对个体在日常生活中增强与人交往的沟通、理解、反应能力等都有重要意义。

(2)乒乓球运动对个体自我意识的一个影响

提高自我意识水平有助于个体正确地了解自我、认识自我。

运动员在进行系统的乒乓球训练时,不能单纯地依靠教练的指导,更应该时刻保持自我意识,提醒自己改进技战术、调整比赛心态。长期坚持,这种自我意识行为就会变成个体的自觉行动,将在乒乓球运动中养成的这种对自己真实情绪和行为做出正确判断和理解的习惯运用到社会交往中,有助于个体正确认识自我和正确理解他人的不恰当评价,提高自己的社交技能。如遇上巧舌如簧的下属,就要保持清醒,不要陷入交际误区。

3. 增强民主意识

民主包括程序的民主和目标的民主两层含义。乒乓球的比赛程序和比赛结果都有助于促进人们规范自己的行为以实现民主。

(1)乒乓球比赛程序的民主性

乒乓球比赛必须在绝对公开、公平的情况下进行，整个比赛过程就是体现民主的过程。首先，凡是符合竞赛规程的任何个人和团体都可以参加比赛，各参赛者地位均等；其次，在赛前通过抽签决定分组，且整个比赛过程当众进行，充分接受观众的监督。乒乓球是中国的国球，这种竞赛组织和竞赛实践的民主性有助于民主化社会风气的形成。

(2)乒乓球比赛结果的民主性

在乒乓球比赛中，任何运动员都是平等的，都有最大限度发挥潜能战胜对手的权利和承担对手与自己竞争的义务；任何裁判员都应公平、公正的对运动员的表现作出判断并接受广大观众的监督，运动员有权对裁判的评定提出申诉。因此，乒乓球运动的比赛结果体现出了民主性，保证了体育目标的民主化，可以对乒乓球运动员和广大乒乓球爱好者的民主行为习惯的养成起到良好的促进作用，能有效地教育和引导人民维护民主和法制，体现社会公义。

4.改善生活方式

(1)乒乓球运动可以缓解疲劳

随着科技的发展和进步，现代化的生活将人们从体力劳动中解放出来，投入到越来越多、越来越复杂的脑力劳动中去。脑力劳动的增加使得人们更容易产生疲劳，给神经中枢带来巨大的压力，会严重影响大脑工作的效率。

乒乓球运动对练习者的反应能力具有良好的促进作用，且能在运动中缓解大脑皮层的紧张和劳累，使长时间处于紧张状态的神经系统得到休息。因此，在脑力劳动之后练习乒乓球有助于消除大脑疲劳、调节消极情绪、缓解身心压力。

(2)乒乓球运动可以调整生活节奏

现代社会生活节奏越来越快，专业的乒乓球运动员经常参加各种比赛，学生面临着各种考试，青年人面临着事业的各种压力，人们需要较强的社会适应能力适应社会的高速发展。长期参加乒乓球运动的人会发现，在实施乒乓球技战术时一定要避免多余的动作，否则得分机会稍纵即逝，这就需要练习者具有较强的适应能力和应变能力，不断提高神经系统和心血管系统的功能，这对练习者适应快节奏的运动和快节奏生活都有积极的帮助。另外，学习、工作之余参与乒乓球运动也是放松身心的有效方式。

(3)乒乓球运动可以丰富业余生活

现代人十分注重生活质量的提高，对自我生活标准的追求也越来越高，重视健身和精神享受。乒乓球运动能很好地满足现代人丰富业余生活、提升生活质量的需求。

一方面，乒乓球运动负荷可以调节，且没有身体之间的对抗、安全系数较高，技战术的多变性能给人带来无限的乐趣。乒乓球运动是人们闲暇时间的最佳运动选择之一。另一方面，乒乓球运动需要同伴的配合，且器材简单、任何人都可以参加，这就为参与者拓展交际圈、改善人际关系提供了良好的平台。乒乓球运动是放松身体、愉悦精神的运动项目，能使人们的生活变得更加生动、丰富、精彩。

第三节　乒乓球运动的发展趋势

现代乒乓球运动的主要发展趋势是更加积极主动、打法凶狠，特长突出，技术全面、没有明显漏洞，战术更加灵活多变。

一、积极主动、打法凶狠

20 世纪 80 年代后，积极主动、打法凶狠是高水平乒乓球运动员必须具备的条件，这种技术能够使运动员加快击球速度、加大击球力量、加强抢攻意识。同时，由于弧圈球技术非常受欢迎，发展很快，因此击球的力量、速度和球的旋转大大加强，使得运动员在比赛中一旦被动挨打便很难获得转机。尤其是发球、发球抢攻和接发球这三种传统意义上的“前三板”技术，争得主动、打法凶狠的一方获得胜利的可能性也就越大。所以在现代乒乓球的发展当中，比赛更加趋向于先起板、多进攻的打法，强调打法凶狠，要争取对对方形成全面的控制，这是主要的发展方向之一。

二、打法多样，特长突出

特长突出是指在比赛中，运动员必须要具备独特的拿手技术，也就是我们常说的“绝招”。对于一名运动员来说，特长越是明显，那么他/她也就拥有更多对方不具备的绝招，也就相应地拥有更强的技战术水平。乒乓球运动大多数是个人竞赛项目，因此个人技术的优劣对比赛的胜负起决定性作用。

三、技术全面，无明显漏洞

对于优秀的乒乓球运动员来说，他们不仅应当具备突出的特长，并且要做到在特长突出的基础上，对多种技术有着熟练地掌握，从而没有明显的技术短板，做到“一精多能”。

技术全面、没有明显漏洞说来简单，其实有着深刻的内涵。以进攻性打法为主的运动员为例，他们往往也必须具备一定的防守能力。相反，以防守为主的运动员也不能够在进攻上一无是处。一个运动员前三板技术好，并不是说他在相持时实力上就要占尽劣势。发球以旋转为主的运动员，在发球的速度和落点上也要加以钻研。会发短球的运动员也应在长球的发球上有着很好的技术来配合其技术长处。发球后能抢攻对方拉过来的上旋球的同时也能抢攻对方搓过来的下旋球。面对进攻型选手能打得很好，同时也要具备足够的手段来对付防守型选手。这些技术是作为一个优秀运动员不可缺少的技术。

由此可以看出，在欧洲以弧圈球为主和快攻结合弧圈球打法更加成熟，中国直拍快攻和直、横拍快攻结合弧圈球打法不断创新发展的情况下，其他乒乓球运动员如果想在成绩上取得更大的突破，必须做到技术先进全面、没有明显漏洞，前三板球能积极抢先上手，并且具备相持中争得主动的能力，方可在比赛中赢得主动权和比赛的胜利。

第四节　乒乓球运动重要组织机构与重大赛事

乒乓球运动在全世界范围内展开，广受世界各国人民喜爱。作为一个覆盖如此之广的运动，乒乓球运动必须依靠相关的组织机构来进行协调，从而使乒乓球运动获得更好的发展。除此之外，乒乓球运动的发展还离不开一系列重大赛事的开展，赛事的开展能够使更多人了解乒乓球，进而爱上乒乓球运动。本节将就这两方面内容进行详细的介绍。

一、组织机构

（一）国际乒乓球联合会（ITTF）

国际乒乓球联合会简称为国际乒联，英文为 International Table Tennis Federation，缩写为 ITTF，1926 年在柏林成立。现有 186 个协会会员，分属国际乒联承认的欧洲乒联、亚洲乒联、非洲乒联、南美洲乒联、北美洲乒联以及大洋洲乒联。

国际乒联是国际单项体育联合会总会的成员组织之一。1988 年，乒乓球项目正式进入奥运会，设男、女单打和男、女双打。自 2008 年北京奥运会起，项目设置改为男、女团体和男、女单打。

国际乒联的主要任务是通过对国际乒联原则的坚持，在协会会员间和运动员间发展友谊精神和相互了解，协调组织间的关系，寻求乒乓球水平的持续发展和在全世界普及率的提高，培养友好竞争。消除使用兴奋剂等不道德行为，提出符合奥运会资格的要求，制定规则并在国际比赛中实施，出版英文章程和规则，鼓励其他语种版本的出版，并检查其正确程度；促进并监督世界级比赛，按照国际乒乓球运动的利益使用联合会的资金。

联合会宗旨是在国际比赛中维护乒乓球规则，并对这些规则作一些适当的改变和补充，从而推进乒乓球运动的发展。

国际乒联设有由乒联主席、副主席和奥运会举办国乒协主席组成的奥林匹克委员会，负责奥运会乒乓球赛。该联合会设有下列专门委员会：设备委员会、医务委员会、排名委员会、规则委员会、运动科学委员会、议事规则委员会、技术委员会和营销委员会等。

国际乒联的主要赛事除奥运会乒乓球赛、世界锦标赛外，近年来有较大发展，出现了世界巡回赛、世界俱乐部锦标赛取代了1995开始的原世界团体杯、男子世界杯（1995年开始举办）、女子世界杯（1996年开始举办）、职业巡回大奖赛（1996年开始举办）等。

国际乒联的总部原设在英国东苏塞克斯郡的黑斯廷斯，2000年迁至瑞士洛桑。

现任国际乒乓球联合会主要委员会名单：

主席：维克特（德国）（2014.9.1—　）

第一副主席：阿尔贝蒂尼（法国）（1999.8.4—　）

执行副主席：（1995.5.6—1997.5.1—1999.8.4）汉斯·吉塞克（负责财务、行政）（德国）、乔治·塞贡（负责发展、公关）（尼日利亚）、叶荣誉（负责技术）（马来西亚）、博格·斯特罗姆（瑞典）、杨树安（中国）

主要机构：代表大会

各主要下属委员会:(1995.5.11—)

排名委员会主席:阿·达曼(比利时)

规则委员会主席:科林·克莱门特(英格兰)

技术委员会主席:姚振绪(中国)

新闻委员会主席:巴斯·登·布雷金(荷兰)

器材委员会主席:拉福德·哈里森(美国)

体育科学委员会主席:扎科·多里纳(瑞士)

议事通则委员会主席:韩相国(韩国)

国际乒联的管理机构是由各协会代表所组成的代表大会。每个正式的会员协会都可以派两名代表来对大会进行参与,每名代表拥有一票表决权。

代表大会通常每隔两年举办一次,因此被称作“两年一度代表大会”,在下文中简称“代表大会”。

在两届代表大会之间,国际乒联的工作是由理事会进行的,工作的主要依据是上一届代表大会所确定的政策,理事会负责对国际乒联的财政进行管理,并且其权力是由代表大会赋予的。代表大会可以通过对特别工作小组的指定来对专门委员会职责以外的工作进行负责。

在领导人的设置上,国际乒联的领导人应是一名主席,一名第一副主席,一名负责财务的执行副主席,三名负责其他事务的执行副主席和六名各大洲副主席。非洲、亚洲、欧洲、拉丁美洲、北美洲和大洋洲各自拥有一名大洲副主席,他们对由代表大会托付给他们的国际乒联工作负责,通常在其所属洲代表国际乒联行使权力。

代表大会休会期间,除了主席之外的任何职务如果出现空缺将由理事会填补。如果出现主席辞职或因其他原因不能继续履行职务,那么其职责将由第一副主席代为行使,直至下一届代表大会选出新的主席为止。

现任国际乒联的各大洲副主席名单如下。

非洲副主席:哈吉姆(突尼斯)

亚洲副主席：施之皓（中国）

欧洲副主席：博西（意大利）

南美副主席：德尔加多（危地马拉）

北美副主席：博顿（加拿大）

大洋洲副主席：哈伍德（澳大利亚）

（二）中国乒乓球协会（CTTA）

中国乒乓球协会是具有独立法人资格的全国性群众体育组织，简称“中国乒协”。英文为 Chinese Table Tennis Association，缩写为 CTTA。成立时间为 1955 年，总部设在北京。

中国乒乓球协会是代表我国乒乓球项目活动的最高社会团体，并且代表中国参加相应的国际乒乓球活动及国际乒联的唯一合法组织，系非营利性社会组织。该协会由各省、自治区、直辖市、各行业体协、解放军所属运动组织及其他合法乒乓球社会团体等自愿组成的全国性体育组织。

中国乒乓球协会的宗旨是在遵守国家宪法、法律和国家有关政策下团结全国乒乓球工作者、运动员和积极分子，指导发展我国的乒乓球运动，促进社会主义精神文明建设；推动乒乓球运动的普及和技术水平的提高，攀登世界高峰；增进与各国乒乓球协会和运动员的友谊，加强与国际乒联和亚乒联盟的联系与合作。

现任中国乒乓球协会领导成员名单如下。

名誉主席：李瑞环

名誉副主席：徐寅生、李富荣、张广宁、王作进、魏宏、沈晓明、陈建华

主席：蔡振华

副主席：刘晓农、李振国、李永波、陆元盛、施之皓、李颖川、张建新、苏亚君、孙永言、陈一平、朱维宁、吕林、张松林、王禹平、朱玲、王海、邵华

特邀副主席：唐桥、李宁、陈敏文、李刚

秘书长：刘晓农（兼）

副秘书长:张晓蓬、卿尚霖、刘威、柳屹、黄飚、常成

竞赛委员会(主任:张晓蓬)

教练委员会(主任:陆元盛)

裁判委员会(主任:赵霞)

器材委员会(主任:戴启军)

科研委员会(主任:赵霞)

少年委员会(主任:卿尚霖)

新闻委员会(主任:赵卫真)

中国乒协下设竞赛委员会、教练委员会、裁判委员会、器材委员会、科研委员会、少年委员会、新闻委员会等七个专项委员会。

二、国际乒乓球重大赛事

(一)世界乒乓球锦标赛

国际乒乓球联合会主办的世界乒乓球锦标赛,任何会员协会均可派运动员参加,是世界乒乓球赛中规模最大、水平最高、参赛人数最多、唯一含有全部七个项目的比赛,共设有:男子团体、女子团体、男子单打、女子单打、男子双打、女子双打、混合双打。每项冠军奖杯名称如下。

1. 男子团体——斯韦思林杯

斯韦思林杯赛事的奖杯是由前国际乒联主席蒙塔古先生的母亲斯韦思林所赠,故命名为斯韦思林杯。

2. 女子团体——考比伦杯

考比伦杯赛事的奖杯是由法国乒协原主席马赛尔·考比伦先生捐赠,故以他的名字命名。

3. 男子单打——圣·勃来德杯

圣·伯莱德杯赛事的奖杯是由英格兰乒协原主席伍德科先

生捐赠，因此以伦敦圣·勃来德俱乐部的名字来命名。

4. 女子单打——吉·盖斯特杯

吉·盖斯特杯赛事的奖杯是由吉·盖斯特先生捐赠，故以他的名字命名。

5. 男子双打——伊朗杯

伊朗杯赛事的奖杯由伊朗前国王捐赠，故以伊朗国命名。

6. 女子双打——波普杯

波普杯赛事的奖杯由国际乒联前名誉秘书长波普先生捐赠，故以他的名字命名。

7. 混合双打——兹·赫杜塞克杯

兹·赫杜塞克杯的奖杯是由前捷克斯洛伐克乒协秘书赫杜塞克先生所赠，故以他的名字命名。

目前，该锦标赛逢双年举行团体比赛，逢单年举行五个单项比赛，各项奖杯均以捐赠者的姓名或国名命名。

这七个冠军奖杯是流动的，各项冠军都可以保留奖杯至下届比赛开始前。男女单打如果连续获得三次冠军，国际乒联则会制作一个小于原奖杯一半的复制品，赠获奖运动员和团体永久保存，以表示对其成绩的肯定。我国乒乓球选手庄则栋因连续获得第 26、27、28 届男单冠军而获此殊荣。

历届世乒赛成绩见表 1-1。

表 1-1　世界乒乓球锦标赛历届冠军

届次	地点	男子团体	女子团体	男子单打	女子单打	男子双打	女子双打	混合双打
1	英国伦敦	匈牙利		R. 雅可比(匈)	M. 梅德扬斯基(匈)	R. 雅科比(匈) D. 佩西(匈)		Z. 梅什洛维(匈) M. 梅德扬基(匈)
2	瑞典斯德哥尔摩	匈牙利		M. 梅什洛维茨(匈)	M. 梅德扬斯基(匈)	A. 李布斯特(奥) R. 图姆(奥)	M. 梅德扬斯基(匈) F. 弗拉姆(奥)	Z. 梅什洛维茨(匈) M. 梅德扬斯基(匈)
3	匈牙利布达佩斯	匈牙利		F. J. 佩里(英)	M. 梅德扬斯基(匈)	G. V. 巴纳(匈) M. 斯扎巴多斯(匈)	E. 梅茨格(德) E. 鲁斯托(德)	I. 克伦(匈) A. 西普斯(匈)
4	德国柏林	匈牙利		G. V. 巴纳(匈)	M. 梅德扬斯基(匈)	G. V. 巴纳(匈) M. 斯扎巴多斯(匈)	M. 梅德扬斯基(匈) A. 西普斯(匈)	M. 斯扎巴多斯(匈) M. 梅德扬斯基(匈)
5	匈牙利布达佩斯	匈牙利		M. 斯扎巴多斯(匈)	M. 梅德扬斯基(匈)	G. V. 巴纳(匈) M. 斯扎巴多斯(匈)	M. 梅德扬斯基(匈) A. 西普斯(匈)	M. 斯扎巴多斯(匈) M. 梅德扬斯基(匈)
6	捷克布拉格	捷克		G. V. 巴纳(匈)	A. 西普斯(匈)	G. V. 巴纳(匈) M. 斯扎巴多斯(匈)	M. 梅德扬斯基(匈) A. 西普斯(匈)	G. V. 巴纳(匈) A. 西普斯(匈)
7	奥地利巴登	匈牙利		G. V. 巴纳(匈)	A. 西普斯(匈)	G. V. 巴纳(匈) S. 格兰兹(匈)	M. 梅德扬斯基(匈) A. 西普斯(匈)	I. 克伦(匈) M. 梅德扬斯基(匈)

续表

届次	地点	男子团体	女子团体	男子单打	女子单打	男子双打	女子双打	混合双打
8	法国 巴黎	匈牙利	德国	G. V. 巴纳(匈)	M. 凯特纳罗娃(捷)	G. V. 巴纳(匈) M. 斯扎巴多斯(匈)	M. 梅德扬斯基(匈) A. 西普斯(匈)	M. 斯扎巴多斯(匈) M. 梅德扬斯基(匈)
9	英国 温布利	匈牙利	捷克	G. V. 巴纳(匈)	M. 凯特纳罗娃(捷)	G. V. 巴纳(匈) M. 斯扎巴多斯(匈)	M. 梅德扬斯基(匈) A. 西普斯(匈)	G. V. 巴纳(匈) A. 西普斯(匈)
10	捷克 布拉格	奥地利	捷克	S. 科拉尔(捷)	R. H. 阿隆斯(美)	R. G. 布拉特纳(美) J. H. 麦克卢尔(美)	M. 凯特纳罗娃(捷) A 斯米多娃(捷)	M. 哈姆尔(捷) G. 克列纳娃(捷)
11	奥地利 巴登	美国	美国	R. 伯格曼(奥)	未宣布	R. G. 布拉特纳(美) J. H. 麦克卢尔(美)	V. 德佩特里索娃(捷) V. 沃特鲁布科娃(捷)	B. 瓦纳(捷) V. 沙特鲁布科娃(捷)
12	英国 温布利	匈牙利	捷克	B. 瓦纳(捷)	G. 普里希(奥)	J. H. 麦克卢尔(美) S. 希夫(美)	V. 德佩特里索娃(捷) V. 沃特鲁布科娃(捷)	L. 贝拉克(匈) W. 伍德海德(英)
13	埃及 开罗	捷克	德国	R. 伯格曼(英)	V. 德佩特里索娃(捷)	G. V. 巴纳(匈) R. 伯格曼(英)	G. 布斯曼(德) G. 普里希(德)	B. 瓦纳(捷) V. 沙特鲁布科娃(捷)
14	法国 巴黎	捷克	英国	B. 瓦纳(捷)	G. 法卡斯(匈)	A. 斯拉尔(捷) B. 瓦纳(捷)	G. 法卡斯(匈) G. 普里希(奥)	F. 苏斯(匈) G. 法卡斯(匈)
15	英国 温布利	捷克	英国	R. 伯格曼(英)	G. 法卡斯(匈)	L. 斯蒂佩克(捷) B. 瓦纳(捷)	M. 弗兰克斯(英) V. S. 托马斯(英)	R. 迈尔斯(美) T. 索耳(美)

续表

届次	地点	男子团体	女子团体	男子单打	女子单打	男子双打	女子双打	混合双打
16	瑞典斯德哥尔摩	匈牙利	美国	J. 李奇(英)	G. 法卡斯(匈)	L. 安德里亚迪斯(捷) F. 托卡尔(捷)	H. 埃利奥特(苏) G. 法卡斯(匈)	F. 西多(匈) G. 法卡斯(匈)
17	匈牙利布达佩斯	捷克	罗马尼亚	R. 伯格曼(英)	A. 罗齐亚努(罗)	F. 西多(匈) F. 苏斯(匈)	D. 博勒奇(英) H. 埃利奥特(苏)	F. 西多(匈) G. 法卡斯(匈)
18	奥地利维也纳	捷克	罗马尼亚	J. 李奇(英)	A. 罗齐亚努(罗)	L. 安德里亚迪斯(捷) B. 瓦纳(捷)	R. 戴安尼(英) R. 罗萨林(英)	B. 瓦纳(捷) A. 罗齐亚努(罗)
19	印度孟买	匈牙利	日本	佐藤博治(日)	A. 罗齐亚努(罗)	藤井则和(日) 林忠明(日)	西村登美江(日) 樽原静司(日)	F. 西多(匈) A. 罗齐亚努(罗)
20	罗马尼亚布加勒斯特	英国	罗马尼亚	F. 西多(匈)	A. 罗齐亚努(罗)	F. 西多(匈) J. 高基安(匈)	G. 法卡斯(匈) A. 罗齐亚努(罗)	F. 西多(匈) A. 罗齐亚努(罗)
21	英国温布利	日本	日本	荻村伊智郎(日)	A. 罗齐亚努(罗)	Z. 杜利纳(南) V. 哈兰戈佐(南)	R. 戴安尼(英) R. 罗萨林(英)	L. 安德里亚迪斯(捷) G. 法卡斯(匈)
22	荷兰乌得勒支	日本	罗马尼亚	田中利明(日)	A. 罗齐亚努(罗)	L. 安德里亚迪斯(捷) B. 斯蒂佩(捷)	A. 罗齐亚努(罗) E. 泽勒尔(罗)	K. 塞佩希(匈) E. 高基安(匈)
23	日本东京	日本	罗马尼亚	荻村伊智郎(日)	大川富(日)	荻村伊智郎(日) 富田芳雄(日)	A. 罗齐亚努(罗) E. 泽勒尔(罗)	E. 克莱困(美) L. 纽伯格(美)

续表

届次	地点	男子团体	女子团体	男子单打	女子单打	男子双打	女子双打	混合双打
24	瑞典 斯德哥尔摩	日本	日本	田中利明(日)	江口富士枝(日)	L. 安德里亚迪斯(捷) B. 斯蒂佩克(捷)	L. 莫沙奇(匈) A. 西蒙(匈)	荻村伊智郎(日) 江口富士枝(日)
25	德国 多特蒙德	日本	日本	容国团(中)	松崎君代(日)	荻村伊智郎(日) 村上辉夫(日)	难波多惠子(日) 山泉(日)	荻村伊智郎(日) 江口富士枝(日)
26	中国 北京	中国	日本	庄则栋(中)	邱钟惠(中)	星野展弥(日) 木村兴治(日)	亚历山德鲁(罗) 皮蒂卡(罗)	荻村伊智郎(日) 松崎君代(日)
27	捷克 布拉格	中国	日本	庄则栋(中)	松崎君代(日)	张燮林(中) 王志良(中)	松崎君代(日) 关正子(日)	木村兴治(日) 伊藤和子(日)
28	(南)卢布 尔雅那	中国	中国	庄则栋(中)	深津尚子(日)	庄则栋(中) 徐寅生(中)	林慧卿(中) 郑敏之(中)	木村兴治(日) 关正子(日)
29	瑞典 斯德哥尔摩	日本	日本	长谷川信彦(日)	森泽幸子(日)	H. 阿尔塞(瑞) K. 约翰森(瑞)	广田佐枝子(日) 森泽幸子(日)	长谷川信彦(日) 山中教子(日)
30	德国 慕尼黑	日本	前苏联	伊藤繁雄(日)	小和田敏子(日)	H. 阿尔塞(瑞) K. 约翰森(瑞)	S. 格林伯格(苏) Z. 鲁德诺娃(苏)	长谷川信彦(日) 今野安子(日)
31	日本 名古屋	中国	日本	S. 本格森(瑞)	林慧卿(中)	T. 克兰帕尔(匈) J. 约尼尔(匈)	林慧卿(中) 郑敏之(中)	张燮林(中) 林慧卿(中)

续表

届次	地点	男子团体	女子团体	男子单打	女子单打	男子双打	女子双打	混合双打
32	(南)萨拉热窝	瑞典	韩国	郗恩庭(中)	胡玉兰(中)	S. 本格森(瑞) K. 约翰森(瑞)	亚历山德鲁(罗) 滨田美穗(日)	梁戈亮(中) 李莉(中)
33	印度加尔各答	中国	中国	约尼尔(匈)	朴英顺(朝)	J. 约尼尔(匈) G. 盖尔盖伊(匈)	亚历山德鲁(罗) 高桥省子(日)	戈莫兹科夫(苏) 费尔德曼(苏)
34	英国伯明翰	中国	中国	河野满(日)	朴英顺(朝)	梁戈亮(中) 李振恃(中)	朴英玉(朝) 杨莹(中)	塞克雷坦(法) 贝尔热雷(法)
35	朝鲜平壤	匈牙利	中国	小野诚治(日)	葛新爱(中)	D. 舒尔贝克(南) A. 斯蒂潘契奇(南)	张立(中) 张德英(中)	梁戈亮(中) 葛新爱(中)
36	(南)诺维萨德	中国	中国	郭跃华(中)	童玲(中)	李振恃(中) 蔡振华(中)	张德英(中) 曹燕华(中)	谢赛克(中) 黄俊群(中)
37	日本东京	中国	中国	郭跃华(中)	曹燕华(中)	D. 舒尔贝克(南) 卡列尼茨(南)	戴丽丽(中) 沈剑萍(中)	郭跃华(中) 倪夏莲(中)
38	瑞典哥德堡	中国	中国	江嘉良(中)	曹燕华(中)	阿佩伊伦(瑞) U. 卡尔松(瑞)	戴丽丽(中) 耿丽娟(中)	蔡振华(中) 曹燕华(中)

续表

届次	地点	男子团体	女子团体	男子单打	女子单打	男子双打	女子双打	混合双打
39	印度 新德里	中国	中国	江嘉良(中)	何智丽(中)	陈龙灿(中) 韦晴光(中)	梁英子(韩) 玄静和(韩)	惠钧(中) 耿丽娟(中)
40	德国 多特蒙德	瑞典	中国	瓦尔德内尔(瑞)	乔红(中)	罗斯科夫(德) 费兹纳尔(德)	乔红(中) 邓亚萍(中)	刘南奎(韩) 玄静和(韩)
41	日本 千叶	瑞典	朝鲜 联队	佩尔森(瑞)	邓亚萍(中)	P. 卡尔松(瑞) 冯舍(瑞)	陈子荷(中) 高军(中)	王涛(中) 刘伟(中)
42	瑞典 哥德堡	瑞典	中国	盖亭(法)	玄静和(韩)	王涛(中) 吕林(中)	刘伟(中) 乔云萍(中)	王涛(中) 刘伟(中)
43	中国 天津	中国	中国	孔令辉(中)	邓亚萍(中)	王涛(中) 吕林(中)	邓亚萍(中) 乔红(中)	王涛(中) 刘伟(中)
44	英国 曼彻斯特	中国	中国	瓦尔德内尔(瑞)	邓亚萍(中)	孔令辉(中) 刘国梁(中)	邓亚萍(中) 杨影(中)	刘国梁(中) 邬娜(中)
45	荷兰和 马来西亚	瑞典	中国	刘国梁(中国)	王楠(中)	孔令辉(中) 刘国梁(中)	王楠(中) 李菊(中)	马琳(中) 张莹莹(中)

续表

届次	地点	男子团体	女子团体	男子单打	女子单打	男子双打	女子双打	混合双打
46	日本 大阪	中国	中国	王励勤(中)	王楠(中)	王励勤(中) 阎森(中)	王楠(中) 李菊(中)	秦志戬(中) 杨影(中)
47	法国 巴黎	中国	中国	施拉格(奥地利)	王楠(中)	王励勤(中) 阎森(中)	王楠(中) 张怡宁(中)	马琳(中) 王楠(中)
48	中国 上海	中国	中国	王励勤(中)	张怡宁(中)	孔令辉(中) 王皓(中)	王楠(中) 张怡宁(中)	王励勤(中) 郭跃(中)
49	克罗地亚 萨格勒布	中国	中国	王励勤(中)	郭跃(中)	马琳(中) 陈玘(中)	王楠(中) 张怡宁(中)	王励勤(中) 郭跃(中)
50	日本 横滨	中国	新加坡	王浩(中)	张怡宁(中)	陈玘(中) 王皓(中)	郭跃(中) 李晓霞(中)	李平(中) 曹臻(中)
51	荷兰 鹿特丹	中国	中国	张继科(中)	丁宁(中)	马龙(中) 许昕(中)	郭跃(中) 李晓霞(中)	张超(中) 曹臻(中)
52	法国 巴黎	中国	中国	张继科(中)	李晓霞(中)	陈建安(中华台北) 庄智渊(中华台北)	郭跃(中) 李晓霞(中)	金赫峰(朝鲜) 金仲(朝鲜)

（二）奥运会乒乓球比赛

1981 年在巴登召开的第 84 届国际奥委会上，由国际乒联提出申请，最终决定将乒乓球列入 1988 年奥运会正式比赛项目，每隔四年举行一次，原设有男子单打、女子单打、男子双打和女子双打 4 块金牌。从韩国汉城举行的第 24 届奥运会开始，国际乒联由 136 个会员国变为 186 个会员国。为了增加比赛的精彩程度，国际奥委会于 2005 年批准了国际乒联的提议，即在不增加参赛人数和比赛天数的前提下，自 2008 年北京奥运会开始，团体比赛取代双打比赛，北京奥运会乒乓球比赛的项目设置为：男子单打、女子单打、男子团体、女子团体。2012 年伦敦奥运会沿用了 2008 年北京奥运会的赛制。

1988 年至今历届奥运会乒乓球冠军见表 1-2。

表 1-2　历届奥运会乒乓球冠军

届别	时间	地点	男单	女单	男双	女双
24	1988	汉城	刘南奎（韩国）	陈静（中国）	陈龙灿/韦晴光（中国）	梁英子/玄静和（韩国）
25	1992	巴塞罗那	瓦尔德内尔（瑞典）	邓亚萍（中国）	吕林/王涛（中国）	邓亚萍/乔红（中国）
26	1996	亚特兰大	刘国梁（中国）	邓亚萍（中国）	刘国梁/孔令辉（中国）	邓亚萍/乔红（中国）
27	2000	悉尼	孔令辉（中国）	王楠（中国）	王励勤/阎森（中国）	王楠/李菊（中国）
28	2004	雅典	柳承敏（韩国）	张怡宁（中国）	马琳/陈玘（中国）	王楠/张怡宁（中国）
29	2008	北京	马琳（中国）	张怡宁（中国）		
30	2012	伦敦	张继科（中国）	李晓霞（中国）		

注：2008 年北京奥运会开始，男双和女双被取消，改为男子团体和女子团子。中国包揽了 2008、2012 两届奥运会的男女团体冠军。

（三）世界杯乒乓球比赛

世界杯乒乓球赛于1980年正式诞生，每年举行一届，设有男子单打和女子单打两个项目，只有16名选手参加，均为国际乒联指定的世界优秀选手和各大洲单打冠军及东道主的1名选手。

（四）国际乒联职业巡回赛

开始于1996年，每年一届，是国际乒坛的一项传统赛事，设有男子单打、女子单打、男子双打、女子双打四个比赛项目。

（五）亚洲运动会乒乓球比赛

这是由亚洲运动联合会举办的亚洲地区最大的综合性运动会，简称亚运会。1951年，中华全国体育总会曾派出代表参观了在印度举行的第一届亚洲运动会乒乓球比赛。比赛共设男、女团体和五个单项共七个项目，从1958年起每四年举行一次。

（六）亚洲杯乒乓球锦标赛

这是由参加亚乒联盟的亚洲各国家、地区各委员协会的乒乓球选手参加的锦标赛，它的比赛项目与世界锦标赛一致。从1972年至今每两年举行一届，比赛期间召开亚乒联盟代表大会。

三、国内乒乓球赛事

（一）全国运动会乒乓球比赛

全国运动会简称全运会，是由全国各省、市、自治区、中国人民解放军及各大企业体协参加的全国最大规模的综合性运动会。每四年举行一次，乒乓球是其中一个重要的竞赛项目，它包括乒乓球全部的7个项目，是我国乒乓球最高水平的角逐。

（二）全国乒乓球锦标赛

全国乒乓球锦标赛是中国乒乓球协会举办的全国规模的赛事，是全国最高水平的乒乓球比赛。参赛单位在中国乒协注册的各省、直辖市、自治区、解放军和俱乐部乒乓球队。1952 年在北京举行了第 1 届比赛。从 1956 年开始，每年举行一次。后来，由于受到政治因素的影响，1967—1971 年期间未举行比赛，1972 年开始恢复。全国乒乓球锦标赛设有男子团体、女子团体、男子单打、女子单打、男子双打、女子双打、混合双打共 7 个项目的比赛。

第二章　乒乓球运动的产业化维度研究

我国的乒乓球运动发展迅速，如今已处于世界领先水平，同时在全民健身中也有着广泛的普及，已经成为我国的重要运动项目。这就为乒乓球运动的产业化发展奠定了坚实的基础。乒乓球运动的产业化发展主要包括三个方面，即乒乓球运动产品的商业化、竞赛的市场化以及职业化。本章将对这三个方面进行深入地分析和研究。

第一节　乒乓球运动产品的商业化发展

一、乒乓球运动产品的发展概况

1904 年，上海一家文具店经理王道平将乒乓球器材从日本带回来，这也在一定程度上标志着乒乓球运动开始进入中国，并且开始逐渐进行推广和普及。新中国成立以前，我国没有自己生产的乒乓球器材。新中国成立以后，一些乒乓球器材生产厂家才开始逐渐出现，比较重要的有上海“顺风”、青岛“流星”、广州“文联”等。

20 世纪 50 年代，日本人发明了海绵，1959 年日本人施尾板弘(曾任日本乒协副主席)发明了反胶，受此影响，弧圈球技术也开始出现。当时，由于国际乒联的规则还非常不完善，因此，所生产的海绵的厚度不统一，胶皮颗粒长短也不统一，并且有着各种各样的形状。尽管乒乓球产品的制作非常粗糙，但这也为乒乓球运动的发展奠定了一定的基础。

1959年容国团获得了新中国的第一个世界冠军，国人为之振奋。第26届世界乒乓球锦标赛于1961年在北京举行，当时的党和国家领导人对此非常重视。这次比赛中包括纪念品在内的所有的器材和设备基本上都是由“红双喜”器材公司提供的。由此，红双喜的品牌也就此打出来了。

20世纪60年代，傅其芳等人从国外带回了一些国外器材（主要是胶皮），如日本的蝴蝶、YASAKA等。但是，由于带回来的器材数量较少，因此，只能够供给庄则栋、徐寅生、李富荣等当时的国家队一线主力队员使用。在这样物质条件较差的情况下，由于国际乒联当时对胶皮没有严格的规定，因此，一线队员用完之后的胶皮不会被淘汰掉，而是将其拿来给二线队员继续拼凑着使用。需要强调的是，20世纪60年代，我国乒乓球界元老张燮林发明了闻名于世的长胶，并且依靠其独特的打法多次获得世界冠军。后来，退役之后的他也为乒乓球运动产品做出了重要贡献，主要表现在引进国外器材方面。

1972年9月，在天津橡胶研究所成功研制出了“729”胶皮，当时年产量达到了5万张左右。由于当时我国对外往来的频率较低，再加上国内运动员参加国际比赛的机会相对较少，因此，这就使得我国并不十分了解欧洲的防弧胶皮和日本人的弧圈球技术。“729”胶皮的研制成功，这不仅为乒乓球运动产品的改进奠定了基础，同时，在很大程度上推动了我国乒乓球技术的进步。

20世纪80年代初，改革开放已经开始实施，但中国运动员对付弧圈球的办法还是不多。鉴于此，我国开始大批量引进国外胶皮，其中，相对较多的是欧洲的Stiga系列是主要方面。1985年时任Stiga公司副总裁的瑞典人托马斯（曾任瑞典队主教练）与中国队签约，通过商业运作的方式为中国队提供底板，这就是后来大家熟悉的“阿瓦拉”，当时该商标由中国体育服务公司注册，品牌归中国所有。后来，由于中国体育服务公司解散，这一品牌被天津正大集团接管。

20世纪80年代中期以后，中国开始涌进了一大批外国品牌，这对中国器材，尤其是底板和胶皮的发展起到了积极的促进作用。当前，中国的底板和胶皮已达到世界先进水平，尤其是底板的精确度甚至已经超过国外产品。但是，也有一些方面是需要进一步提高的，比如，在海绵质量上还处于积极探索阶段，国产海绵的“发泡”技术与日本的世界先进技术的差距还是比较大的。

当前，双鱼、红双喜、许绍发等是我国的乒乓球器材的主要生产厂家。中国作为一个人口大国，乒乓球运动的群众基础较为雄厚，将乒乓球作为我国的“国球”，因此，被世界公认为乒乓球最大的消费市场。据不完全统计，注册和没注册的生产厂家达到一百多家，各生产厂家通过降低价格的方式来争夺市场，这就使得行业的利润空间变得非常小，这对我国乒乓球器材行业的发展产生了一定的阻碍作用。另外，相较于国外的品牌来说，我国的器材在品牌包装、广告推广等方面也需要进一步的提升，尤其是在底板上，尽管质量上没有了差距，由于没有品牌化，名牌优势也没有形成，相较于国外品牌来说，底板的市场占有率是非常低的。目前世界乒乓球的底板中，最负盛名的横板是日本的蝴蝶，瑞典的stiga是最著名的直板，并且其在世界乒乓球市场上占有绝大部分的市场。尽管在底板和名牌效应方面，我国还存在着较大的问题，但是，我国的器材中的球和球台则是非常著名的，并且得到了世界的公认，在国内市场上占有绝对优势，在国际市场上也占有一席之地。第45届、46届、47届世乒赛，我国的红双喜和双鱼球台均被作为比赛球台使用，其“彩虹”系列得到了国际乒联和广大运动员、教练员的一致好评。

通过上述对中国乒乓球运动体育产品的发展历程的分析情况来看，当前我国自主创新的品牌较少，大多数品牌都是从国外引进的。当前，要求中国的器材生产厂家必须要团结起来，朝着集团化、品牌化的方向发展，研发出质量过硬的国产器材，从而充分获得国人的信任，使盲目跟风国外品牌的现象得到缓解，大力支持民族工业的发展，从而为中国乒乓球运动器材逐渐在国际上获得一席地位做出一定的贡献，进而为中国器材公司市场创造出良好的发展前景。

二、乒乓球运动产品业内部存在的问题

从对中国乒乓球运动器材的发展概况中可以看出，我国乒乓球运动产品业内部存在着较多的问题，可以将其大致总结为三个方面，具体如下。

（一）社会责任意识有待于增强

乒乓球运动产品的发展已经经历了价格竞争、品质竞争，当前，已经进入了劳工标准竞争的时代。因此，要想获得显著的竞争优势，就要对工作条件进行合理的安排，从而建立起较为融洽的劳资关系。乒乓球运动产品属于劳动密集型的体育用品业，良好的社会责任意识对于乒乓球运动产品的发展有着积极的促进作用，因此，一定要重视社会责任意识的发展与增强，从而将主动权牢牢把握住。

（二）品牌建设基础较差

由于我国乒乓球在产品的生产方面起步相对较晚，用于发展乒乓球产品的资金积累较少，资本积累量较少，这就使得品牌建设的基础相对较差，制约和阻碍了乒乓球运动产品的建设与发展。由此可以看出，没有科学了解和认识品牌建设、起步较晚、资金不足等是导致品牌建设基础较差的主要原因。另外，尽管我国自主研发的红双喜、双鱼等品牌在国内甚至国际有一定的地位和影响，但是，从总体上来说，相较于世界强国来说，我国的乒乓球运动产品影响力还是比较小的。要想改变这一现状，使品牌深入人心，不仅要做好各种宣传工作，同时还要提高质量，从而最终使产品得到广大用户的认可。

(三)创新意识不够高

从当前的情况来看,中国的乒乓球运动产品并没有通过自主创新形成自己的特色,仍然停留在"模仿"和出卖资源或来料加工赚取较低利润的阶段。因此,这就使得我国生产的大部分的产品并没有体现出我国的特色,只是被动地跟随世界上先进的、著名的品牌。导致这一现状的主要原因在于创新意识不够高,不能较好地致力于自主创新研发的产品,从而使国内市场中自主研发的产品较少,不能将国家队员产品使用的供应商的重担担起来。可以说,这是导致我国乒乓球运动产品发展的根本原因,需要引起高度的重视。

三、乒乓球运动产品业可持续发展的对策

针对乒乓球运动产品的发展现状以及存在的问题,有针对性地提出了一些有助于乒乓球运动产品发展的对策,要求根据实际需要进行选择。

(一)树立新型的发展意识

作为发展的主体,人在发展中处于主导性的地位,发展是为人服务的,发展的最终目的是使人民幸福安康。可持续发展涉及的方面较多,其中,最主要的是经济与社会方面的问题,只要全社会共同参与,才能够保证发展的可持续性。乒乓球产品的可持续发展,是对传统生产方式和消费方式的转变与革新。同时,还要学会尊重树立人们的环境意识和健康意识,用可持续消费的思想指导和改变人们的生活方式,从而使其可持续发展意识得到进一步的增强。

(二)将科技创新与人才培养有机结合起来

乒乓球运动产品的发展受到多种因素的影响,其中,科技和

人才是最主要的两个方面。一方面，乒乓球运动产品发展要重视科技创新。当前，处于绝对地位的是自主知识产权，今后乒乓球运动产品不断发展的一个重要环节，就是建立自己的研发中心和产品质量检验中心，对产品不断升级换代起到积极的促进作用。另外，促进企业发展的重要手段，还包括通过企业文化的塑造和管理素质的提高，来将人的潜力充分发挥出来，从而将员工的积极性充分调动起来。另一方面，要培养专业人才，使管理质量得到有效的提高。生产力是社会发展的最终决定力量，而生产力中最活跃的因素就是人。这就要求培养一批既懂体育又懂经济和管理的专业人才，从而促进乒乓球运动产品的制造和销售持续不断地向前发展。提高管理水平，以消费者的实际情况为主要依据，拓展市场，使生产、销售和使用三个环节有机地结合起来，不断推出对乒乓球运动发展起到积极的促进作用的高新产品。

（三）将行业与协会的协作价值充分发挥出来

要想达到对乒乓球产品的健康持续发展起到积极的促进作用的目的，需要达到以下几个方面的要求。

第一，要使为企业服务的意识和手段得到进一步的增强，将政府与企业之间的桥梁纽带作用充分发挥出来，对体制改革起到积极的促进作用，使政策引导的力度得以加强。

第二，将各专业委员会的指导、直辖市作用充分发挥出来，加强行业自治，从而使无序竞争的现象得到有效避免。

第三，加强行业数据的统计整理和信息的收集工作，将国内外的最新动态及时传递给相关企业，从而为行业发展、决策提供一定的信息支持。

第四，将“体博会”的品牌效应充分发挥出来，为企业搭建良好的平台，对新产品开发起到积极的促进作用。

第五，积极推动国内外乒乓球运动产品业的交流，加强乒乓球运动产品企业的竞争与合作，对经济资源优化组合起到积极的促进作用，使企业和行业经济效益得到有效的提高。

第六，使产品质量标准、安全标准、推广企业社会责任标准进一步完善，使标准尽快与国际接轨。

第七，对乒乓球运动产品的发展战略起到积极的推动作用，使企业的国际竞争力得到有效增强。

第二节 乒乓球运动竞赛的市场化发展

一、乒乓球赛事市场开发的背景分析

20 世纪 80 年代初的中国乒乓球国家队整体上都处于低潮期，尤其是男队，实力水平相对更低，而且在技术打法上运用的也基本上都是普通招式，没有特别的变化，且没有较好地方法来应对欧洲弧圈球，在世界大赛中也没有取得较好的成绩。除此之外，国内乒乓球运动员在心理上和情绪上也不稳定，存在着较大的波动，训练的积极性也不高，导致这一现象的主要原因在于当时国内外的训练环境、比赛条件和待遇方面的差异。鉴于这种情况，中国乒协提出了“开发国内市场”的口号。由此开始，我国乒乓球赛事市场开发就开始进行。因此，这也为挖掘中国乒乓球市场的潜力，开始中国乒乓球的市场运作提供了政策的支持和保证。

二、乒乓球赛事市场开发的历程

对我国乒乓球赛事市场开发的历程的分析，主要从三个方面入手，即乒乓球擂台赛、中国乒乓球俱乐部联赛以及商业性赛事，具体如下。

（一）中国乒乓球俱乐部联赛

1.“红双喜杯”中国乒乓球俱乐部联赛

1998年，中国乒乓球史上发生了一件大事，就是“红双喜”中国乒乓球俱乐部联赛举行，这也标志着中国乒乓球开始走上了职业化的道路。

2.“阿尔卡特杯”中国乒乓球俱乐部联赛

1999年，“阿尔卡特”公司冠名的中国乒乓球俱乐部联赛举行，这在一定程度上推动了我国乒乓球运动赛事的发展。

3.“鲁能杯”中国乒乓球超级联赛

从2000年到现在，山东鲁能集团一直为中国乒乓球超级联赛提供赞助，同时，也将佩尔森、小西杏、朱世赫等世界级运动员吸引进来，为我国乒乓球运动的发展做出了巨大的贡献。这也是中国乒乓球俱乐部联赛走向世界的重要标志。

（二）乒乓球擂台赛

乒乓球擂台赛包含着多种具体的比赛，其中，比较重要的有以下几种。

1.世界冠军挑战赛

1995年，世界冠军挑战赛以绍发公司的名义先后在中国的大连、大庆、厦门、福州举行了四场擂台赛。当时被邀请参加的重要人物有欧洲大腕瓦尔德内尔、阿佩伊伦等。可以说，这是乒乓球商业比赛在中国的第一次尝试，中国观众对此有着非常好的评价。这也标志着中国乒乓球市场开发的第一步已经迈出。

2.CCTV杯擂台赛

CCTV杯乒乓球擂台赛第一场比赛于1996年在北京大学打

响，中央电视台为这场比赛进行了投资，旨在开发乒乓球市场。从这之后，每周一场，再到后来，就有厂家陆续为该项赛事提供赞助，尽管如此，乒乓球运动赛事发展还是处于摸索阶段，市场的完善和程度还相对较低。经过一年的时间，尽管经济收益不是很显著，但是，却将乒乓球运动竞赛市场成功开启起来，并且积累了一定的经验，这就为进一步的市场开发创造了条件。

3. 爱立信擂台赛

1997 年，爱立信以 600 万元人民币对擂台赛进行了冠名，全年共有 23 场比赛。后来爱立信又为 1998 年、1999 年的乒乓球擂台赛提供了赞助，并且取得了成功。因此，在每周六的下午，许多观众都会在电视机面前观看精彩的擂台赛。由此可以看出，乒乓球市场的运作得到了顺利的发展。

4. 长城汽车国际擂台赛

2000 年到 2001 年，长城汽车国际乒乓球擂台赛开展得如火如荼，受到广大观众的欢迎。

5. U17 国际青少年擂台赛

2002 年 U17 国际青少年乒乓球擂台赛在焦作举行，该项赛事将乒乓球在青少年中的影响进一步扩大，不仅培养了一批优秀的青少年选手，同时其对世界乒乓球运动的发展也起到了积极的促进作用。

（三）商业性赛事

早在 20 世纪 80 年代，我国就曾经多次组织运动员参加国外的商业性比赛。

1999 年北京三鼎体育有限责任公司成立，该公司的主要宗旨在于开发中国乒乓球的市场，并且在青少年中对乒乓球运动进行积极的推广。许绍发先生兼任三鼎体育用品公司董事长兼总经理。许绍发先生对于在青少年中推广乒乓球运动，并积极进行市场开发做出了重要的贡献。

2004年，通过与湖南卫视达成协议，国际乒联、中国乒协承办了“国球大典”这一推广活动。国球大典是湖南卫视创办的集商业性、观赏性、娱乐性为一体的乒乓球年末大赛，其主要目的在于为观众献上一场乒乓球的视觉盛宴。由于国际乒联有过推广性比赛的经验，因此，他们承办的这次活动非常成功，显著，这项推广性赛事已成为国际乒坛“世界总冠军赛”，并且成为国际乒联重要的A级赛事。

2008年国球大典仍然由全民选拔赛、乒乓嘉年华活动和世界乒乓球总冠军赛散打主题活动构成。需要强调的是，在全民选拔赛这个环节中，主办方进一步创新了乒乓海选的理念，将“乒乓有天才”民间选拔乒乓好手的构想提了出来，并且将民间选拔打造成零门槛的乒乓才艺秀。

2014年“相约苏州世乒赛·李宁红双喜杯”乒乓球协会会员联赛在遵义举行，今年的会员联赛共设19站分站赛和一站总决赛，将在全国20个省、自治区、直辖市举办。总决赛地点设在2015年世乒赛举办城市——苏州，这与“全民共享世乒赛”的口号是非常契合的。

三、乒乓球赛事发展采取的措施

当前，竞技表演业的市场化发展力度进一步加大，比赛的形式和项目也越来越丰富，这些都是完善体育赛事的要求。因此，要想使乒乓球运动赛事也能够有更好的发展，就要求其必须与上述发展趋势相适应，从而将乒乓球这项运动打造成集竞技性、观赏性、娱乐性于一体的发展型运动项目。具体来说，可以采用的发展对策主要有以下几个方面。

(1)建立健全乒乓球赛事市场运行机制，对各项目的发展经验进行积极的积累和吸取，从而使赛事市场运营机制的管理水平得到提高，同时，还要注意对分配、奖惩、转会等机制的学习及运作进一步加强。

(2)要进一步提高乒乓球赛事过程中的竞赛表演质量，另外，要在保证电视转播中的解说的同时，尝试在现场进行现场解说，从而尽可能做到将乒乓球运动技术透明化，这样能够使业余爱好者能够更加清楚明了地在现场观看比赛。

(3)要将专业运动队、俱乐部体制的经济效益与竞技体育国家目的的社会效益相统一的问题解决好，这会对乒乓球运动赛事的发展产生非常重要的影响。

(4)乒乓球赛事的传播力度要进一步加强。体育运动作为一种社会文化活动，其与传播有着天然的联系，这是必然的。因此可以说，任何一项体育运动的开展，都与“广播”这一媒介有着不可分割的密切联系，通过这一媒介，能够对乒乓球赛事平衡、稳定、持续的发展起到积极的推动作用。

第三节　乒乓球运动的职业化发展

乒乓球运动的职业化发展主要体现在乒乓球俱乐部的发展上。下面就对乒乓球俱乐部的发展进行深入的分析和阐述，由此可以充分反映出乒乓球运动的职业化发展。

一、乒乓球俱乐部的发展概况

1995 年 12 月 10—13 日，首届乒乓球俱乐部赛在广东顺德举行。这次比赛采用的是双轨制的比赛方式，具体来说，就是允许运动员以双重身份参加比赛，不仅可以代表省、市队参加全运会、全国锦标赛等全国正式比赛，而且还能够代表某个企业参加俱乐部比赛。可以说，这是一次创新性的比赛方式。另外，还需要强调的是，在此次俱乐部赛中，长久性的注册俱乐部与一次性赛事的临时注册俱乐部都可以参加比赛。在本次比赛中，报名参加比赛的共有19个俱乐部的男女各12支队伍65名运动员，其中，正式注册的俱乐部有4个。这次比赛结束之后，又有几个俱乐部要求加入，由此可以看出，乒乓球俱乐部赛的举行。在一定程度上促进了乒乓球俱乐部的进一步发展。

1996年12月18—21日，第二届俱乐部赛在广东东莞长安镇举行，在这次比赛中，见于正式注册的俱乐部与临时注册的俱乐部同时参赛的公平性有待于进一步商榷，对于临时一次性俱乐部组队参赛的情况，大赛给予了不允许的态度，这也就使得参赛的俱乐部只有4家正式俱乐部。这次尴尬的局面，也激发了相关部门加强俱乐部改革的决心。各俱乐部也纷纷呼吁对赛制进行改革，CCTV杯中国乒乓球擂台赛是中国乒乓球协会和中央电视台联合推出的。1996年，第一届中国乒乓球俱乐部超级联赛举行，1997年，俱乐部团体主客场制开始推行。随着中国乒乓球市场的逐渐开发以及赛制的不断改革，我国乒乓球俱乐部开始逐渐完善起来，发展速度也越来越快。

二、乒乓球俱乐部的类型及体制

我国乒乓球俱乐部的类型多种多样，可以将其大致分为以下几种类型。

（一）正规乒乓球俱乐部

这种类型的俱乐部是需要在工商行政管理部门规范注册的，另外，其与其他类型俱乐部的不同之处在于，其有注册资金、董事会、法人，并且一切按照企业的方式运作和经营。可以说，这是一种完全意义上的俱乐部。目前，这种类型的乒乓球俱乐部较少，只有两家，一家是陕西银河国梁俱乐部，一家是山东鲁能俱乐部。

（二）单纯冠名赞助的乒乓球俱乐部

这种类型的俱乐部是由企业单纯形式的冠名赞助的，但是，企业并不介入管理，对其进行完全管理的是体育事业单位（运动队）。目前这种形式的俱乐部是最多的。

（三）联合经营的乒乓球俱乐部

这种类型的俱乐部是由体育事业单位（运动队）和企业一同管理的，他们联合运作，力求双赢。比较具有代表性的有上海圣雪绒俱乐部和四川升和药业俱乐部。

（四）民间商业乒乓球俱乐部

这种类型的俱乐部主要在全国各级基层行政区内（市、区、县）存在。可以说，其主要功能是对少年儿童进行培养或为成年人提供打乒乓球的收费赢利性场馆，除此之外，兼营乒乓球器材和服装等也是其主要功能之一。

三、乒乓球俱乐部发展存在的问题

我国乒乓球俱乐部发展取得了一定的成果，但同时也存在着一些问题，主要表现在以下几个方面。

（一）市场开发程度较低

在资金的投入方面，相较于足球、篮球俱乐部来说，乒乓球俱乐部的资金投入是相对较少的，且在广告宣传效应和市场前景方面具有独特的优势。我国在对乒乓球的改革方面是持谨慎态度的，究其原因，主要表现在两个方面：一个是“双轨制”体制的制约，另一个是国人对乒乓球队的较高期望。这些都对乒乓球俱乐部的发展产生着一定的制约作用。具体来说，主要在以下几个方面得到体现：第一，俱乐部的投入与产出的合理性较为欠缺；第二，运动员向俱乐部的产品及商品的转变还没有很好地完成；第三，运动员的广告、肖像及转会产生的经济效益与俱乐部利益还没有实现真正的挂钩；第四，回报率相对比较低；第五，产品的流通渠道不畅；第六，乒乓球市场运作空间相对比较小；第七，没有充分体现出双赢机制等。

（二）管理的科学性较为欠缺

这里所说的管理模式主要包括两个方面：一个是俱乐部的管理模式不科学，一个是对乒乓球运动员的管理方式不科学。

1.乒乓球俱乐部管理模式不科学

当前，一些俱乐部采取的管理模式较为落后，即教练员负责的工作较多，不仅对训练和运动员的培养工作负责，还要对市场开发、联系主场、招收运动员以及运动员的工资发放等工作负责。这不仅对教练员的训练工作产生了一定的影响，同时也在一定程度上对俱乐部的科学管理工作进行了限制。因此，这就要求进一步改进和完善俱乐部管理模式。

2.俱乐部对乒乓球运动员的管理方式不科学

目前，乒羽中心对乒乓球运动员实行的管理方式是“双轨制”，具体来说，就是对运动员实施管理的有两个方面，一个是运动队的管理，一个是俱乐部企业式的管理。在这种管理方式下，运动员不仅能够代表原属单位参加全国性的比赛，同时还有资格代表俱乐部参加全国范围内俱乐部性质的比赛。尽管这种方式能够使各方面参赛利益得到满足，但是不可忽视的是，其也存在着俱乐部的责任不明、权利较弱、利益分配不均等重要的问题，这就在一定程度上限制了企业在俱乐部所处的地位及其作用。

（三）赛事推广和包装的创新性较为欠缺

我国对乒乓球运动有着非常高的关注度，而且随着超级联赛竞赛体系的建立，再加上各方的不懈努力，已经逐渐探索出了一些有效的与市场接轨的方法，但是，仅仅依靠这些是远远不够的，需要进一步改进和完善。由于很多俱乐部不能将主场确定下来，因此，这就无法将与主场经营有关的业务列入计划中，更不用提长久开展了。一般来说，大部分俱乐部不重视对俱乐部赛事的推广，认为这是没必要的，因此，也就不可能形成其具有特色的风格。不对乒乓球俱乐部赛事进行大力的宣传，人们对现场观看比赛的认识不够深入，因此，到现场观看比赛的欲望就不会很强烈，就会很少有人到现场观看比赛，大部分人仍选择观看电视来欣赏比赛。由此可以看出，将乒乓球运动的娱乐性质和乒乓球运动员的明星效应充分挖掘出来是非常重要且必要的。

（四）产权关系较为模糊

“壳资源”问题对俱乐部有着非常大的影响。可以说，“壳资源”问题在很大程度上对乒乓球俱乐部职业化进程起着推动作用，同时，其也是真正独立法人俱乐部建立的必要条件。中国乒羽管理中心对乒乓球俱乐部的“壳资源”进行了相关的规定，即乒乓球俱乐部的“壳资源”由各省、自治区、直辖市体育主管部门对赞助商进行择优录取，即谁出的钱多俱乐部就可能归谁。① 从当前的情况来说，通常情况下，企业与俱乐部是一年一签的，这对于长远的规划是非常不利的。另外，中国乒羽中心今年新颁布的《关于中国乒乓球超级俱乐部和中国乒乓球俱乐部超级联赛若干问题的规定》中也对“壳资源”问题进行了相关的阐述，不仅将超级俱乐部组建后即形成无形资产进行了明确，同时也就俱乐部“壳资源”的归属问题提出了相应的要求。但是，协会仍然是既当运动员，又当裁判员的问题依然存在，因此，这就要求要进一步解决“壳资源”问题，从而真正促进乒乓球俱乐部的良好发展。

---

① 钮力书，黄志玲．中国乒乓球俱乐部现状浅析．山西师大体育学院学报，2005，20(4)

四、乒乓球俱乐部发展采取的措施

针对我国乒乓球俱乐部发展中出现的问题，为了进一步促进乒乓球俱乐部的发展，现提出以下几个方面的应对措施。

（一）有针对性地完善管理体制

乒乓球俱乐部的一个重要的发展趋势就是朝着职业化的方向发展，因此，建立真正意义上的职业化俱乐部是非常重要且必要的，具体应该采取的措施为：第一，实行总经理负责制，总经理对董事会负责，对球队和各职能部门进行统一管理；第二，球队的训练、比赛管理实行总教练负责制，总教练对总经理负责。目前，中国乒协已经开始着手以现代企业制度的要求为主要依据，对现存的俱乐部的体制进行深入的改革。相信会在不远的将来取得理想的改革成效。

（二）加强市场拓展

进一步拓展乒乓球俱乐部的市场，是乒乓球俱乐部可持续发展的重要途径，要做到这一点，需要从以下几个方面入手。

第一，如果条件较为成熟，在这样良好的条件下，乒乓球俱乐部可以根据实际情况有针对性地涉足房地产、旅游、商店等经营项目，从而使自身的造血功能进一步加强。

第二，要将国内联赛与国内国际其他比赛的时间协调好，从而使乒乓球俱乐部的持续发展得到有力的保证。

第三，一定要对中国乒乓球队种种利益进行充分的考量和权衡，并且在此基础上对国内人才市场进行积极的开发，同时，也不能忽略国外人才市场的开发，但是一定要谨慎。

第四，要对电视转播权、门票、办训练中心、比赛广告、制作纪念品等与乒乓球运动有关的经营项目进行大力的开发。

（三）制度建设的力度要加大

俱乐部采用的制度有很多，要加大制度建设的力度，就要从各个方面入手，进行全面的建设：第一，采用处于核心地位的合同制和聘任制；第二，采用岗位竞争的用人机制；第三，建立以成绩为核心，收入靠业绩的分配机制；第四，量化考核标准，进行科学评价，采用奖罚分明的激励机制；第五，建立全面的监督约束机制；第六，采用以提高队伍整体水平，对重点队员的培养较为重视，实行科学训练和分管制为主要内容的训练机制。

（四）加强文化建设

俱乐部的职责非常多，不仅要对运动员的训练负责，同时还要加强运动员的爱国主义和集体主义教育，重点对运动员为国争光的精神和勇气进行培养，从而使队伍的凝聚力得到进一步的增强。俱乐部赛制的建立，使运动员和教练员经济条件得到了进一步的改善，但不可否认的是，其也带来了一些负面的效应，这些负面的效应会对俱乐部的发展产生一定的制约甚至阻碍作用。因此，这就要求俱乐部加强文化健身，积极为运动员和教练员调整心态，正确地面对市场的各种冲击提供帮助。

（五）优化资源配置

产权清晰是改革我国体育资源产权制度的重要前提，正如我们前面所提到的，我国乒乓球运动俱乐部存在着产权不清晰的现象，这是当前影响和制约我国乒乓球俱乐部资源配置和流转的重要瓶颈。资源配置和资源流转的本质就是产权交易，因此，必须明晰产权，建立和完善合理的产权制度，为产权交易提供有效的市场交易平台，明确产权归属。避免体育产权交易的行政性垄断、交易双方信息的不对称、交易效率低下、产权交易不规范等现象，充分发挥体育资源配置的市场作用，真正促进俱乐部资源配置效率的提高。

第三章　乒乓球运动的人才选拔维度研究

雄厚的人才储备以及高超的技术水平是乒乓球运动发展的重要基础，因此科学合理地进行人才选拔是乒乓球运动可持续发展的关键环节。本章对乒乓球运动的人才选拔进行研究，涉及青少年乒乓球训练的指导思想、生理与心理特点分析、科学训练内容以及运动员的选拔方法等方面。

第一节　青少年乒乓球训练的指导思想

青少年乒乓球训练应该适应青少年身心发展的特点，因人制宜。在训练过程中应该秉持着乒乓球训练一般规则的基础上对于各个年龄段的训练都进行具体分析，应使训练有所侧重。在青少年乒乓球训练中，应该坚持以下指导思想。

一、青少年乒乓球训练一般指导思想

（一）重视基础训练

乒乓球训练在青少年阶段主要基础训练阶段，为了以后的乒乓球运动发展打下坚实的基础。针对青少年乒乓球训练制定的训练计划应该建立在这一指导思想之上。青少年的基本技术训练要反复进行，积累感觉，使基本技术在他们身上形成条件反射，使之动力定型。这种基础训练是一个持续的、渐进的、由简到繁的过程。在每个技术的学习和掌握中，要做到教学方法精确、合

理、规范。教练员要对青少年严格要求,养成良好的运动习惯。在单项训练过程中更要注意动作的正确规范,这对乒乓球运动员的发展有很大意义。

(二)注重个性化训练

统一安排训练是乒乓球训练的主要方式,但是因为个人的身体条件不一样,运动基础也各有差异,安排过多的统一训练显然对于培养运动员的技术特长和挖掘运动员的运动兴趣没有明显的效果。因此,个性化训练就显得特别重要,要对运动员进行区别对待,因人制宜的安排合理的个性化训练方法。

(三)加强身心素质训练

速度素质、力量素质、灵敏素质和协调能力等几个方面的素质是优秀乒乓球运动员体能的核心竞争力,也是体能训练的重点内容。在心理训练方面,在平时练习比赛中将关键球的处理和注意力集中的训练结合起来;根据不同年龄段的技术水平和心理状态,通过安排与不同技术水平的对手进行比赛,来调整运动员的心理水平,学会适应比赛。通过减压和增压的方法进行调整,使运动员清楚自己的问题,并学会自我调节。

(四)合理安排训练量和强度

青少年的正处在生长发育的关键时期,这个时期的训练特别要注意对于训练量和训练强度的综合处理,必须使两者达到合理的平衡。既不能因为训练量太多、训练强度太大而影响青少年的发育,为青少年加上太多负担;也不能因为训练量太少、训练强度太低而耽误训练进程。在训练中要通过训练量来提高训练效果的同时,也要注意训练强度的平衡提高,也就是要求运动员在相对较短的时间内表现出最好的能力,在技战术训练中,强度主要是在保证击球质量的前提下,通过增加运动员的上台时间、减少失误、提高板数等环节来实现。

二、不同阶段青少年乒乓球训练的指导思想

（一）9—10 岁

9—10 岁阶段是青少年乒乓球训练的初始阶段，在这个阶段的乒乓球训练应该注重基础理论的训练和基本技术的熟悉。在这个阶段的训练思想如下。

（1）掌握乒乓球主要技术，提高技术的质量，学习和掌握基本战术，区分技术类型打法，引导技术风格，合理安排比赛。

（2）进行全面身体素质训练，结合专项特点重点发展反应速度、动作速度以及身体的协调性。

（3）在基本的语言暗示和行为控制下，可以对比赛中出现的心理问题进行初步的调整。

（4）初步掌握乒乓球训练方面的理论知识。

（二）11—12 岁

11—12 岁的阶段是可以初步形成个性打法的关键阶段，乒乓球运动员通过上一个阶段的初步训练，已经显示出了自己在某一个技术打法上的优势，在这个阶段的训练就是要初步的形成这种优势，进而初步形成自己的打法。这个阶段的训练指导思想如下。

（1）确定技术类型打法，建立技术风格，在提高全面技术水平的基础上，突出自身类型打法。注意特长技术的培养，强化本类型打法的主要战术训练，增强比赛能力。

（2）在进行全面身体素质训练的基础上，突出专项身体训练的特点，促进技战术训练质量的提高，重点发展速度和灵敏素质。

（3）在基本的语言暗示和行为控制下，对比赛中出现的心理问题进行进一步的调整。

（4）在掌握乒乓球训练方面的理论知识基础上，使理论和训

练结合起来。

（三）13岁以后

经过几年的训练，青少年乒乓球运动员在这个阶段已经可以掌握较为成熟、较为全面的技术，在这个阶段运动员的打法更加有侧重性。在这个阶段，运动员的技术风格更加突出，技术特长逐步强化，主要得分手段也已经确立。在技战术上，基本达到“积极主动、技术全面、特长突出、无明显漏洞”的要求。提高实战能力。熟悉双打的基本技术和战术。这个阶段的训练指导思想如下。

（1）注重身体素质的全面提高，也要注意乒乓球所需的专项身体素质训练。在重点发展力量素质的基础上，发展速度、灵敏、耐力素质，使技术水平的提高得到良好的身体素质水平的支持。

（2）能够自觉地运用暗示和行为等心理调整的方法，对自身在比赛和训练中出现的心理问题进行调整。

（3）能够将乒乓球基本理论知识运用到比赛和训练中，并结合比赛和训练中出现的问题进行分析。

第二节　青少年的生理与心理特点分析

青少年处在身体和心理发育的关键时期，这一时期的每个阶段青少年不论从生理还是心理来说都有不同的特点。

一、9—10岁青少年生理、心理特点分析

（一）9—10岁青少年生理特点

1. 骨骼

9—10岁青少年处于生长发育阶段初期，此时的运动员软骨

成分较多，骨组织内的水分和有机物质多，无机盐少，骨密质较差，骨富于弹性而坚固性不足。此时运动员的骨骼由于骨硬度小，韧性大，具有不易完全骨折而易于发生弯曲和变形的特点。

2.关节

在这个阶段的青少年关节还处于发育的较低阶段，关节面软骨相对较厚，关节囊、韧带的伸展性大，关节周围的肌肉细长，关节活动相对于成人更加灵活、有更大的活动范围，但牢固性相对较差，在外力的作用下较易脱位。

3.肌肉

9—10岁青少年的肌肉中水分较多，蛋白质、脂肪、无机盐类少，肌肉细嫩，肌肉力量较弱，耐力差，易疲劳。

4.心血管系统

9—10岁青少年的心脏还没有发育完全，心肌纤维交织较松，弹性纤维少，心缩力弱，心脏泵血功能较弱，每搏和每分输出量均比成人小。但如果用每公斤体重心输出量与成人比较，则这个阶段的青少年每公斤体重心输出量的相对值较大，这样可以保证在整个生长发育过程中物质代谢的需要。

5.呼吸系统

9—10岁青少年的胸廓较小，呼吸肌力量较弱，调节机能尚不完善，呼吸表浅，呼吸频率快，最大摄氧量与负氧债的能力较低，无氧代谢和有氧代谢的能力均较成人低。

6.神经系统

与其他身体生理器官系统不同，神经系统是发育最早最快的器官，在9岁时已接近成人水平。9—10岁青少年的神经活动强度和集中力都较弱，这主要表现在：活泼好动；注意力不易集中；

做动作时动作不协调、不准确，易出现多余动作；建立条件反射快，消退也快，重新恢复也快；第一信号系统的活动占优势，直观形象思维能力较强，善于模仿，对示范等直观形象的教学方式较易接受；第二信号系统发育不完善，抽象思维的能力较差。

（二）9—10岁青少年心理特点

1. 感知觉

感知觉就是人对世界的印象，感知觉在人体发育过程中成熟的比较早，青少年已经有了最基本的感知觉，可以对世界的事物做出初步的完整判断、感知。在这个阶段的青少年乒乓球运动员可以按照一定的目标，围绕特定的任务，自觉持久地观察需要感知的对象，并克服感知过程中的困难，以便获得较丰富的信息。

2. 思维

思维能力是人最基本的能力，也是人类区别于其他生物的基本特点。在9—10岁这个阶段的青少年具有初步的思维分析能力，但是并不成熟，处在这个阶段的青少年乒乓球运动员的概括、判断、推理仍然需要具体事物的支持，需要借助感性认识或直接经验来完成。

3. 记忆

记忆能力在青少年阶段迅速发展，到了成人阶段才会定型。在这个阶段的青少年乒乓球运动员的记忆能力成长迅速，表现为从机械记忆向理解记忆发展；从无意识记忆向有意识记忆发展；从形象识记向抽象识记发展。

4. 情绪

青少年的情绪还处在并不稳定的过程，表现为外露、易激动。情绪的持续度也不高，从情感的内容来看，这个阶段青少年的情绪会变得更加丰富和深刻，对于训练情绪有了比较明确的把握，对于比赛的荣誉感、集体荣誉感、友谊和责任感等有了初步的认识。

5. 社会性

社会性在这个阶段的青少年身上表现为集体性，即这个阶段的青少年可以适应并喜欢生活在群体里，并可以感受到集体荣誉。此时如果可以正确的引导将有利于培养运动员的集体荣誉感。

6. 个性

在 9—10 岁这个阶段的青少年乒乓球运动员还没有形成自己独立的判断标准，他们对于自己的评价还主要建立在他人对自己评价的基础上。在这个阶段应该加强对他们的要求，这不只是为了提高训练水平，这种要求还会促进他们的组织性、纪律性、刻苦性的形成。

二、11—12 岁青少年生理、心理特点分析

11—12 岁阶段是一个特殊的时期，在这个时期男运动员还没有进入发育时期，他们的特点和此前并无明显区别；而女运动员则到了生长发育的关键时期，她们在生理、心理和运动能力上都有了显著的变化。下面主要论述女运动员的变化。

（一）11—12 岁青少年生理特点

1. 骨骼

女运动员在这个阶段处在自身生长发育的关键阶段，身高年平均增长 8～9 厘米。增长主要在于下肢骨，骨组织内的水分和有机物质逐渐减少，无机盐逐渐增多，骨坚固性逐渐增加。在这

个阶段特别要注意运动量的控制,适宜的运动量有助于促进骨的生长,而过大的负荷强度和运动量则会使骨化提前,影响身高。

2.肌肉

肌肉的发展在这个阶段也很快,但是主要在于纵向的增长,在长度上的增长速度一般不会赶上骨骼的增长。在这个阶段,女运动员肌肉的收缩能力和耐力都比较差。在训练上此时应该采取伸长肢体的练习,以及弹跳和支撑自身体重的力量练习等,重负荷的力量练习应少采用。

3.心血管系统

此时期心血管发育开始,心脏的发育速度加快,运动员承受一定的运动压力可以促进心血管系统的发育,但是如果负荷量过大就会对身体造成负面影响。此时的训练应该尽量少安排憋气和静力性练习。这个时期的个别运动员可能会出现青春期高血压的现象,训练中应注意区别对待。

4.呼吸系统

女运动员在这个阶段,摄氧量明显增长,呼吸肌变得更加有力,呼吸深度变大,呼吸频率减少而肺活量开始增加。可在发展有氧代谢能力的基础上,逐渐增加无氧代谢能力的练习。

5.神经系统

此阶段脑的发育主要是神经纤维的增长及脑功能的复杂化。进入青春期的运动员由于性激素的分泌影响了脑垂体的功能,兴奋过程相对强于抑制过程,且兴奋与抑制的转化较快。

(二)11—12岁青少年心理特点

1.感知觉

相对于上一个阶段,此阶段的运动员在感知觉上已经受到了基本的训练,在注意力上有了一定的提高,可以在较长的时间内保持专注。此时的训练效果有所提高。

2.思维

青少年在发育过程中,心理特点会随之产生改变,反映在思维特点上就是:此阶段的抽象思维能力有了较大的发展,但仍然需要以具体形象为主。

3.情绪

处在这个阶段的青少年乒乓球运动员,进入青春期后在“独立感”和“成人感”的驱使下,发展了社会高级情感,更加的有自我意识,但是他们的情绪还处在比较不稳定的阶段,情绪带有冲动性,易激动,不善于自制。

4.社会性

处在11—12岁阶段的青少年乒乓球运动员,尤其是这个阶段处在生长发育期的女运动员,渐渐有了比较投机的固定的朋友,他们通常有着相似或者互补的个性,有共同的兴趣爱好。

5.个性

青少年在这个时期有了明确的自我意识,力求摆脱对成人的依赖,反抗成人的干涉;在意别人对自己的评价,且自我评价偏高;这个时期的青少年运动员有强烈的兴趣和求知欲,也具有更强的对于胜利的渴望。

三、13岁后青少年生理、心理特点分析

青少年男运动员的青春期要比女生晚一两年,故而男运动员一般在这个阶段开始迅速发育,在生理和心理上都有显著的变化;女运动员在这个阶段继续发育成长,有了新的特点。

(一)13 岁以后青少年生理特点

1. 骨骼

这个阶段的男运动员骨骼发展和上一个阶段女运动员发展一样。在这个阶段,女运动员骨骼继续发展,但是已经开始进入生长的缓慢期,开始接近成人的水平。

2. 肌肉

这个阶段的男运动员肌肉发展和上一个阶段女运动员发展一样;而女运动员在这个阶段,肌肉开始向横向发展,肌纤维变粗,肌肉收缩力加强。应有计划地发展小肌肉群力量和伸肌力量,促进肌肉群力量均衡发展。

3. 神经系统

这个阶段的男运动员神经系统发展和上一个阶段女运动员发展一样;女运动员神经系统的发育基本完成,兴奋和抑制过程基本趋向平衡。

(二)13 岁以后青少年心理特点

这个阶段的运动员在心理上开始进入初步稳定的阶段,智力发展更加迅速,知识面更宽,思维能力得到进一步提高。同时运动员在道德感、理智感、人生观、价值观等方面都有了进一步地发展,对于自己所从事的事有了更加明确的认识,有了明确的荣誉感和进步要求。

第三节　青少年乒乓球科学训练的内容

青少年进行乒乓球运动训练首先需要掌握一定的理论知识,

在此基础上还要进行身体素质、基本技术和心理素质等方面的训练，这些训练内容都可以在比赛中得到体现，而乒乓球运动的打法就是体现这些综合素质的途径。因此本节首先对不同年龄段的青少年需要掌握的理论知识进行分析，并对训练内容进行研究。

一、9—10岁青少年乒乓球科学训练内容

9—10岁青少年处在刚刚接触乒乓球的阶段，这个阶段不宜做太多的技巧性训练，应该着重在理论知识训练和基本打法训练。

（一）理论知识

（1）学习乒乓球运动的基本术语，了解乒乓球运动的技术动作结构和击球技术动作环节。

（2）了解乒乓球运动中步伐移动的规律和基本方法。

（3）了解典型打法的主要技战术特点。

（4）了解乒乓球专项身体素质训练的基本要求。

（5）了解乒乓球运动的竞赛规则。

（6）学习准备活动的做法，了解其重要性。

（二）打法训练

1.直拍进攻型打法

（1）步法

步法是乒乓球灵活性的基础，在乒乓球比赛中，灵活的步法会给运动员迎来更多的主动性。在这个阶段的乒乓球训练中，青少年乒乓球运动员要学习掌握单步、滑步、还原步等基本动作，还要学会根据球的落点及时调整步法，提高步法的综合运用能力。

(2)发球

发球是乒乓球比赛的开始,良好的发球技术对于赢得比赛有重大意义,青少年乒乓球运动员在这个阶段要初步掌握一两种发球技术,要先易后难,以发长球或正手下旋球为主,并能尝试着发其他球。

(3)正手攻球

正手攻球是最常用的乒乓球技术,在此阶段的训练要求是熟练掌握在正手位和侧身位打斜线球和直线球的技术。击球时主要在近台、中台,而在远台击球则较少。击球时力量要适度,在技巧允许的范围内力度适当增大,要尽量做到快速准确。要在正手进攻中锻炼连续进攻的能力,针对不同落点的球,采取合理的处理方式化解。

(4)推挡

推挡就是乒乓球运动中常用的反手位击球,在这个阶段的训练中,青少年运动员要熟练掌握在大范围移动中用反手位推直线和斜线的技术,还要初步掌握反手推侧旋技术、反手加力推技术和推接一般弧圈球技术。

(5)弧圈球

弧圈球技术是青少年运动员在这个阶段所能掌握的较高水平的技术,它和正手反手球相比具有更多的变化。在这个阶段,青少年乒乓球运动员首先要建立正确协调的弧圈球动作,学习掌握正手加转弧圈球、正手前冲弧圈球和侧身弧圈球技术。

(6)搓球

搓球是青少年运动员在这个阶段学习掌握的比较高级的技巧,它和正手反手球的运动都不同,搓球技术会搓加转球和不转球,搓底线长球和近网短球。青少年乒乓球运动员要学会用相似手法搓不同性能的球的能力,以此来练习球感。

(7)削球

青少年乒乓球运动员在此阶段要熟练掌握削球技术,保证削球质量的稳定,尽可能的削低球的弧度,并削出直线球、斜线球。

2.横拍进攻型打法

(1)步法

横拍进攻型打法的步法训练与直拍进攻型一样。在此阶段的青少年运动员要熟练掌握单步、滑步、还原步,还要学习跨步、交叉步、侧身步技术。

(2)发球

横拍进攻打法的发球一般不及熟练掌握1～2套发球技术,以发长球或以正手下旋球为主。能发出直线和斜线球,并进行其他发球的尝试。

(3)接发球

方便处理各种来球是横拍进攻型打法的优势,特别是在比赛中,横拍运动员往往能将接发球的劣势转化为进攻的优势。这需要运动员能够合理地使用攻打、快点、快拨、摆短、劈长等技术接发球。

(4)正手攻球

横拍进攻打法和直拍进攻型打法在这个阶段的训练内容有相似之处,都强调基本技术的掌握。都强调熟练掌握在正手位和侧身位打斜线球和直线球的技术。强调击球位置,击球时主要在近台、中台,而在远台击球则较少。只是横拍打法一般要求突击性更强,对于扣杀的要求更高,对于正手挑打、快带技术要求更高。

(5)弧圈球

横拍进攻的弧圈球和直拍进攻的弧圈球技术要求相似,在这个阶段的青少年乒乓球运动员要熟练掌握弧圈球的基本打法,此外,横拍进攻型弧圈球还有直拍型弧圈球的不同之处,即有反手弧圈球技术。

(6)反手拉、攻技术

横拍进攻要比直拍进攻技术对于反手的要求更高,反手打法的威力也更大。在这个阶段,要求青少年乒乓球运动员熟练掌握反手位快攻、快拨、快点等技术，要求正确处理来自不同落点和性能的球。初步掌握反手位移动中攻斜线、直线球，要求步法及时到位，以中等力量为主。

(7)搓球

在此阶段青少年乒乓球运动员要熟练掌握搓加转球和不转球技术。初步掌握正、反手搓底线长球和近网短球技术。在动作过程中要注意动作的规范性，强调搓球的质量。

3.削攻结合型打法

(1)接发球

在发球的训练上，削攻结合打法与直拍打法和横拍打法并无太大区别。但是用削球方式接发球就与前两者不同了。接发球时应该注意削球加转球，应该注意以慢搓球为主，配合快搓球，从而提高削球的稳定性。在这个过程中要注意根据来球情况的不同，合理调整削球的力度和角度。结合自身特点学习符合自己技术水平的接发球手段。

(2)削球

削攻结合打法是一种以削球作为主要处理手段的打法。削球不只是作为接发球手段，也作为进攻手段。青少年削球训练一般要从拍形、击球时间、击球点、发力方向入手，要求熟练地掌握正手削球和反手削球的标准动作。对于不同落点、不同节奏的来球，要用合理的削球方法。削球训练要以削加转下旋球为基础，可以用相似的动作削出旋转速度和方向不同的旋转球，训练中要逐步扩大削球的范围，使削球有更大的掌控力，初步掌握削球在进攻中的应用。

(3)攻球

攻球要求青少年乒乓球运动员在此阶段的训练过程中逐步掌握用正手或者反手攻直线、斜线球技术；正、反手拉弧圈球技术；快带弧圈球技术；掌握正、反手拉弧圈球技术。

二、11—12岁青少年乒乓球科学训练内容

（一）理论知识

（1）了解乒乓球运动竞技能力的基本要素，即弧线、速度、力量、旋转和落点等五个要素。

（2）了解影响击球质量的因素，探求提高击球速度、力量和旋转速度的基本要素。

（3）了解技战术配合的基本原理。

（4）了解球感对乒乓球运动的重要性。

（5）进一步详细理解竞技比赛规则。

（6）了解心理素质在比赛中的重要性。

（二）打法训练

1.直拍进攻型打法

（1）步法

要对上个阶段学过的几种步法熟练掌握，深刻理解步法和攻球的关系，根据来球自由使用步法，可以使用组合步法并能够与直拍快攻型打法相结合，在一定程度上扩大对球的掌控范围。

（2）发球

这个阶段的运动员不仅要会正手发球，还要学会反手发球技术，并能够用不同的手法发出相似旋转和落点的球或者用相似的手法发出不同旋转和落点的球。要结合自己的打法特点熟练掌握最适合自己的发球技术，学习反手位发球、下蹲式发球和正手位发逆旋转球技术。

（3）接发球

本阶段对于直拍运动员的接发球提出了更高的要求，对于出台发球要学会用拉冲、攻打技术接球；对于台内球要用快点、撇等

技术接球。接球时要求根据来球情况控制打出球的角度。

(4)正手攻球

上个阶段已经学习了基本的正手攻球技术,本阶段要在此基础上对于正手攻球的能力进一步强化。要求熟练掌握正手位和侧身位大范围移动中连续进攻能力,要求熟练掌握正手快拉技术、快带回击弧圈球技术。初步掌握发力打弧圈球技术,掌握搓中低球突击技术。学会放、杀高球技术、快拉技术。对付削球能初步掌握以拉为主,拉中突击和扣杀技术等。

(5)推挡

在本阶段训练中,推挡是一种着重训练的项目,要在上阶段的基础上,熟练掌握快推中结合加力推技术,以中等力量为主,能控制击球力量和节奏的变化。学会推下旋、减力挡、推挤弧圈球等技术。

(6)弧圈球技术

这个阶段要求运动员熟练掌握弧圈球的相关技术,学会在移动中使用正手位和侧身位拉加转和前冲弧圈球技术,初步掌握正手反拉弧圈球技术,提高相持能力。

(7)搓球

此阶段的青少年乒乓球运动员要熟练掌握搓长、摆短的技术,要求加强所搓球的旋转性,掌握晃搓、撇搓等技术,在搓球的过程中要掌握搓球动作的隐蔽性和突然性。

2.横拍进攻型打法

(1)步法

横拍进攻型打法的步法和直拍进攻型打法大体相似,只是横拍进攻打法所能控制的范围更大,所以在步法的跨度上比后者要大。特别是横拍打法更加注重步法之间的综合运用。

(2)发球

在掌握基本横拍发球技术的基础上,本阶段要学习新的发球技术,并且开始强调发球的落点、旋转等技术变化。

(3)接发球

横拍的接发球要求掌握劈长技术、撇接技术、抢冲半出台技术等。要注意培养多种接发球的能力。

(4)正手攻球技术

在这个阶段,对青少年乒乓球运动的横拍打法提出了更高的要求。运动员要熟练掌握横拍正手快攻、快拉、突击和扣杀等技术,要求要打出不同特点的球;要求学会用正手位和侧身位在移动中连续进攻的能力;掌握台内正手挑打、快点、快带技术,要求打出三条线路,要以打近中台为主,中远台为辅。

(5)弧圈球技术

在这个阶段青少年乒乓球运动员要熟练掌握正手加转弧圈球技术和反手加转弧圈球技术;正手前冲弧圈球技术和反手前冲弧圈球技术。要注意逐步扩大控制移动的范围,要提高击球的准确率,加强球的旋转速度,提高击球的质量。利用弧圈球的战术特点,提高横拍打法的相持能力。

(6)搓球

横拍搓球比直拍搓球有更大的优势,在这个阶段,青少年乒乓球运动员要掌握搓加转球技术,可以搓加转的长球和短球。要求能够搓出不同落点、不同速度、不同线路的加转球。要初步掌握摆短、撇搓、晃搓、搓侧旋技术,并且能够利用上述几种技术搓回对方的球。

3.削攻结合型打法

(1)步法

削攻结合打法具有很强的灵活性,对于步法的要求也比较高。在这个阶段,要求运动员能够在交替削球的过程中,根据来球角度大小、落点长短的不同来合理运用步法。要求既可以分别运用并步或交叉步,也能组合运用,特别是在削接左、右两大角突击球、弧圈球时,即使无法及时到位,也要有移动中的应答动作。

(2)发球

要求掌握多种发球手段,根据比赛状态灵活变化。在动作相似的情况下,追求球的旋转、落点的差异,力求出手速度更快。

(3)接发球

接发球要以削接球为主辅以其他相应接发球手段。

(4)削球

在这个阶段的青少年运动员已经具备了一定的基本削球技术水平,本阶段削球训练主要任务是提高正、反手削球技术的动作稳定性、针对性。要贯彻“稳、转、低、变、攻”的指导思想,最好削出又转又低的球,尽量压制对方,不给对方发力前冲的机会,削得住、守得稳、削得凶。

(5)攻球

削攻结合打法中,攻球是决定胜负的直接因素,良好的攻球技术对于比赛的胜利有直接影响。本阶段要求运动员逐步提高拉球质量,并在此基础上加强近中台连续扣杀和正手打机会球的能力。

三、13岁以后青少年乒乓球科学训练内容

(一)理论知识

(1)了解自身的技战术优缺点,了解自己的优势与劣势。

(2)进一步了解不同类型的打法的技战术风格。

(3)学习培养良好的心理素质,在比赛中调整心态的方法。

(4)学习运动的理论知识,正确分析比赛的形势。

(5)深刻理解专项身体素质训练的重要性。

(6)了解基本的生理保健知识。

(7)学习在运动和训练中自己简单的处理伤病。

术等。

3.削攻结合型打法

(1)步法

在此阶段应继续注重加强运动员大范围移动和小区域移动的配合,不同步法的配合,左右和前后步法移动的配合等。

(2)削球

运动员在这一阶段应在保证削球技术稳健提高的前提下,增加削球的变化,在削球中制造转或者不转的变化。提高削球的技术质量,开始注意控制削球的落点。

(3)攻球

在这个阶段,青少年运动员要结合此前所学的攻球技术及日常训练的经验,有意识的建立自己的全面进攻体系,逐步掌握中近台反拉、中台对拉技术。

第四节 青少年乒乓球运动员的选拔方法

在乒乓球运动的整个体系中,选材工作是重中之重,正是因为我国注重青少年乒乓球运动的选材,我国的乒乓球运动才昌盛繁荣,长期在世界上保持领先地位。在我国的少年儿童中流行着种类极其丰富的竞训活动,这些活动为我国乒乓球运动的选材工作提供了得天独厚的土壤,而卓有成效的选材也为乒乓球运动的发展打下了坚实的基础。乒乓球选材必须具体而微,必须体现乒乓球运动的特色,必须符合乒乓球运动的专项要求,必须从乒乓球运动的实际出发并本着科学合理的原则进行。

一、遗传

在乒乓球运动选材中还有一个很重要的因素就是遗传因素,

运动员的先天身体素质很大程度上是依赖于父母的遗传的，如果父母都是优秀的乒乓球运动员，那么孩子就会具有比较优秀的乒乓球运动的天赋。特别是对于乒乓球运动比较重要的灵活性、身体素质等因素，受到遗传的影响就更大了。在进行选材时，可以通过家访、背景调查等方式进行了解分析。

二、气质

气质在《辞海》里解释为人的相对稳定的个性特点和风格气度，在心理学上是指依赖人的生理素质或身体特点的人格特征，是人的内心世界和性格的外化。

巴甫洛夫认为有四种典型的高级神经活动类型，即活泼的、安静的、不可抑制的、弱的，分别与希波克拉底的四种气质类型相对应，四种气质类型（表 3-1）即四种典型的高级神经活动类型的行为表现。

表 3-1　四种典型的气质类型及其神经活动特点

气质类型	神经系统的基本特点	高级神经活动类型
多血质	强、平衡、灵活	活泼型
胆汁质	强、不平衡	兴奋型
黏液质	强、平衡、不灵活	安静型
抑郁质	弱	抑制型

乒乓球运动员应当具备的气质就是情感强烈、动作灵活、生动活泼。由上表可以看出，胆汁质、多血质、黏液质的气质类型或它们的混合型的运动员更适合从事乒乓球运动。具有什么气质类型的乒乓球运动员才会发展出适合自己的打法，只有运动员的气质类型和打法统一时，两者才会相互促进。例如：使用直板进攻型打法的运动员具有的气质特征是情感深刻而稳重，行动坚忍不拔、持久不渝、迅速果断、灵活善变，这种特征与胆汁质类型符

合；使用削攻型打法的运动员的气质特征是情感强烈而稳定，深刻而持久，行动不如直板进攻型迅速，但细心谨慎，具有较高的意志和毅力，这种特征与黏液质类型相符；使用弧圈型打法的运动员具有的气质特征是不但具有直板进攻型的灵活机动，而且具有削攻型的耐心稳重。因此，弧圈型运动员的气质类型应属于胆汁质、黏液质或二者的结合型。

三、球感

球感，在乒乓球运动中指的就是运动员的手感，它是运动员对于乒乓球运动的综合感觉，关乎运动员对球的掌控能力。球感并非是可以用数据准确衡量的东西，它是运动员在长期的乒乓球运动过程中自然形成的一种能力。这种能力在整个乒乓球运动的能力结构中处于主导地位，它的有无和好坏是衡量球员水平的重要标准。

球感好、身体素质也较好的球员的训练效果比那些具有同样的身体素质但是球感比较一般的运动员的训练效果可以高出几倍。

球感的测试在不同的选材阶段有不同的方法，方法的制定一般本着简单、易行、有效的原则。在初级阶段，测试球感的方法一般有：握力模拟、发球进筐、击中孔眼、台面拍球、圆规测误、倒板颠球、击高接球、掷球破圈、持球疾跑、颠球绕杆、对墙击球、接旋转球等。在中级阶段，球感测试的主要内容在于测试球员的反应灵敏程度、临场发挥的稳定性和动作的协调性。如在乒乓球比赛时对于擦网球、擦边球的处置；如果球的线路突然改变应如何处理；对于球的旋转速度的判断等。

四、身体素质

乒乓球选材要注重对运动员身体素质的考察，这种考察不只要考察运动员的一般身体素质,也要考察运动员的专项身体素质。专项身体素质是乒乓球运动的专项基础,是乒乓球运动区别于其他运动的特有的身体素质要求。不可以把乒乓球的专项身体素质要求与一般身体素质要求混为一谈,尤其在选材中,要重点考察运动员的专项身体素质。

乒乓球运动的专项身体素质要求是与乒乓球的运动特点相适应的。这种要求包含着动作的灵敏性、协调性、摆速、击球爆发力、专项耐力和关节柔韧性等。

五、心理品质

现任中国乒乓球协会主席的徐寅生先生说:“体育竞赛就是这样,两强相争勇者胜,勇者相逢智者胜。我们今后的选材不光只看技术,更要看重运动员的心理品质。”运动员的心理品质在竞技比赛中起到非常重要的作用,心理素质良好的运动员在比赛中更容易调整自己的比赛状态,可以使自己一直处在良好的比赛状态。

对于乒乓球运动来说,乒乓球运动员的心理品质是一个复杂的综合体,它包括敏捷的反映、从容地应变、稳定的情绪、清醒的头脑、顽强的意志、有效的自我调控能力等。乒乓球运动员心理品质一般在平时训练和比赛过程中就可以得到评价,同时,心理选材的测试一般也作为心理品质评价的参考依据。心理选材的测试方法主要有:感受性的敏锐度、动作的反应速度与准确性、运动表象的完整性和准确性、注意力的分配、操作思维的敏捷性等评价方面。

第四章　乒乓球运动的竞赛组织维度研究

近年来，我国乒乓球运动与竞赛在我国广泛开展，乒乓球运动竞赛组织的相关理论受到了专家学者的高度重视，并成为一项重要的研究课题。本章将对乒乓球运动竞赛组织的相关内容进行分析和探讨，重点阐述其运动竞赛相关活动的组织、人员的组织以及财物的组织等方面的内容。

第一节　乒乓球竞赛相关活动的组织

一、乒乓球运动竞赛组织机构的设置

现代乒乓球竞赛的组织机构是由多个部门分工协作的组织机构，其对竞赛任务能否顺利完成有着直接的影响。因此，必须根据竞赛任务、竞赛规模来进行全面考虑和酌情安排。

现代乒乓球竞赛组委会下设办公室，是组委会综合职能部门，其主要职责是准确有效地执行贯彻组委会的决定，并保证各项竞赛任务的完成。通常办公室又下设竞赛组、秘书组、行政组（或后勤）等。

（一）竞赛组的工作职责

1. 组织竞赛工作

组织竞赛工作主要有以下步骤：制定竞赛计划；制定竞赛规

程；负责运动队报名注册和资格审查；组织竞赛抽签和编排竞赛日程；编印竞赛秩序册；组织和调整各项竞赛；记录和公布竞赛成绩；监督竞赛规则和规程的执行，处理比赛中发生的重大问题，并及时向组委会汇报。

2.组织裁判工作

组织裁判工作主要有以下步骤：负责确定仲裁和裁判长的人选，配备好裁判队伍；协助裁判长组织裁判队伍的赛前集训和实习；监督裁判员临场执行竞赛规则情况；组织裁判队伍体育道德风尚奖的评选工作。

3.准备场地器材

场地器材的准备工作主要有以下步骤：确定竞赛场地；按规程要求准备符合比赛标准的器材；赛前检查场地和设施。

（二）秘书组的工作职责

秘书组主要负责以下几个方面的工作：组委会会议和有关联席会议的会务工作；起草讲话、总结等材料；协调各部门之间的工作以及反馈详细工作情况；宣传教育和环境布置工作；制定开、闭幕式的方案与组织协同；组织欢迎晚会和协调有关迎送活动；制定大会工作人员和运动队的有关规定；准备竞赛奖品和发奖仪式；编写比赛简报与做好相关的新闻报道工作；制发竞赛的相关通知。

（三）后勤组的工作职责

后勤组主要负责以下几个方面的工作：竞赛的经费预算和决算，监督各组的经费使用情况；安排生活接待与做好食宿保障；负责医疗救护和饮食卫生；交通车辆的调配、使用以及驾驶人员的管理。

以上各组织机构的职责分工可根据竞赛组织的具体情况进

行相应调整,以更好地服务于乒乓球竞赛。

二、乒乓球运动竞赛组织工作的内容分析

乒乓球运动竞赛的组织工作是一项系统的工作,包含多方面的工作内容。具体而言,可将竞赛的组织工作分为五方面的内容:第一,是制定乒乓球竞赛活动的规程。竞赛规程是运动竞赛的指南,由竞赛的主办方根据比赛的目的、性质、方法、规模、场地和时间等方面的情况进行制定。竞赛规程对竞赛的各方面内容进行了相应的规定。第二,是接受报名。对参加相应运动竞赛的人员进行统计,确定抽签和编排的对象。在接受报名环节,报名表是竞赛编排工作的重要依据。第三,组织赛前练习。在开展相对较为正式的运动比赛时,应至少安排一次参加比赛的运动员在比赛场地进行练习的机会,并且在安排相应的练习时,应尽可能保持机会均等的原则,运动员练习的时间应尽可能相等。第四,组织抽签。抽签是完成乒乓球竞赛的重要环节,它对竞赛名次的合理性有着重要的影响,它确定了每个运动员在比赛中的位置。第五,竞赛编排。编排的任务是在一定的时间内将全部的比赛安排在一定数量的比赛场地内,使得运动比赛合理有序开展。

乒乓球竞赛的组织除了上述五方面的内容之外,在竞赛的前后还有一些其他工作事项,都需要进行筹划和组织。另外,在竞赛过程中,为了保证竞赛的正常开展,也需要对其进行临场管理,确保竞赛活动合理有序开展。

(一)竞赛的方法以及抽签、编排

1.竞赛方法的确定

现代竞技比赛的赛制可分为三大类,即为循环赛、淘汰赛和混合赛制。在单项比赛中一般采用淘汰赛,在团体赛中则采用循环赛的方法较多。各参加比赛的队员的报名情况以及竞赛规程

中规定的竞赛办法是准备抽签工作的依据。但是,竞赛规程中规定的一些基本的竞赛办法是比较原则性的,由于比赛条件和报名情况的变化,使得比赛办法会有一定的变动。因此,在比赛前,应根据竞赛规程的精神,依据报名情况以及比赛场地的情况来确定具体的比赛办法。经常采用的竞赛方法有单淘汰赛、循环赛等,具体竞赛方法如下。

(1)淘汰赛制

淘汰赛制常常被运用于对抗性竞赛。淘汰赛又分为单淘汰赛和双淘汰赛两种形式。

①单淘汰赛

运动员(队)按排定的秩序由相邻的两名参赛者进行比赛,胜者进入下一轮,负者淘汰,直到胜出唯一的 1 名未被淘汰的参赛者,就成为这次竞赛的冠军的竞赛方法,即单淘汰赛制。单淘汰赛制的优点主要表现为以下几点:比赛场次少;比赛场地少;组织形式容易被人理解;适合于有大量参与者的比赛。单淘汰赛制也存在以下缺点:正确的种子编排难度较大;不能最大限度地利用多个比赛场地;每名参赛者只能保证有一次参赛机会。如图 4-1 所示,16 人参加乒乓球比赛采用单淘汰赛制的排序。

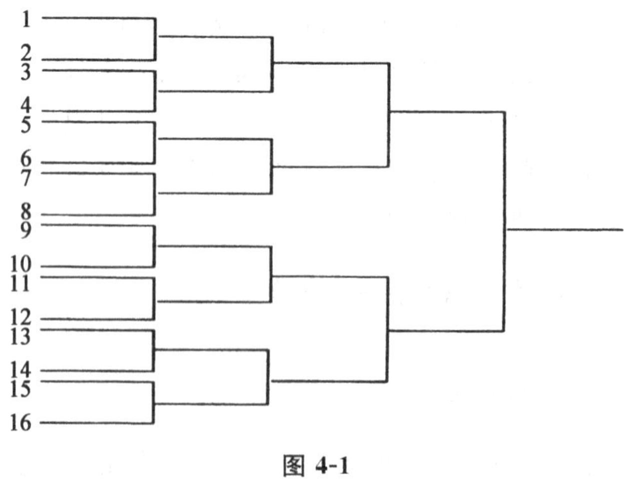

图 4-1

②双淘汰赛

所谓双淘汰赛,是指运动员按编排的秩序进行比赛,失败两场即被淘汰，最后失败一场为亚军，不败者为冠军的竞赛方法。双淘汰赛制的优点主要表现为：比赛场地要求少；种子编排并不十分重要；能够保证每名参赛者参加至少两场比赛；比单淘汰制更能衡量参赛者的水平；失败过一次的参赛者依然可能赢得冠军。双淘汰赛也存在如下缺点：需要多个轮次才能结束比赛；某些参赛者要参加很多比赛，而某些参赛者则参加的比赛较少。

双淘汰赛的轮数、场数计算：

轮数 $=n+(2n-2)+1=3n-1$　　（n 为指数）

场数 $=(x-1)\times 2$　　（x 为参赛人数）

例如，8 人参加乒乓球比赛，则需要选用 8 个号码位置数，指数为 3。

轮数 $=3\times 3-1=8$ 轮

场数 $=(8-1)\times 2=14$ 场

双淘汰赛排序如下图 4-2 所示。

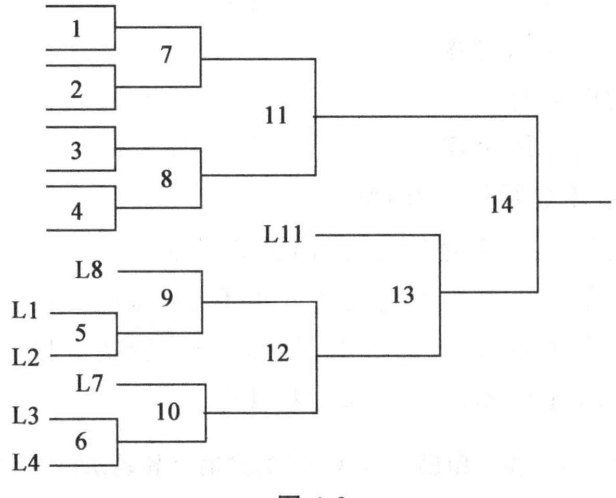

图 4-2

(2)循环赛制

现代乒乓球比赛采用的循环赛制主要分为三种形式，即单循环赛、双循环赛和分组循环赛。根据比赛的性质可选择不同的竞赛形式。在以上三种比赛形式中，单循环赛制是最能反映出循环赛制的特点和本质的竞赛形式，它也是各种运动比赛最常采用的一种竞赛方法。

①单循环赛制

单循环赛，是指使参加竞赛的各队或运动员之间都相互比赛一次的竞赛形式。单循环赛具有如下优点：能够高效地利用多个比赛场地；种子编排并不特别重要；没有一个人被淘汰；所有的参赛选手彼此之间都要进行比赛，因此最后的排名非常可靠。但是，单循环赛也有以下缺点：出现许多实力悬殊的比赛；需要进行很多场比赛。

所谓“一轮”，是指在单循环赛中各队（或运动员）均出场比赛一次。所谓“一场”，是指每两个队员之间比赛一次。

单循环赛场数的计算公式：总场数$=\frac{n(n-1)}{2}$

上述公式中，n 为参赛队数或人数。

单循环赛轮数的计算如下：

当 n 为奇数时　　轮数$=n$

如 7 个队参加比赛　　轮数$=7$

当 n 为偶数时　　轮数$=n-1$

如 8 个队参加比赛　　轮数$=8-1=7$

A. 单循环赛制的比赛秩序

a. 左上角固定“1 号位”的逆时针轮转法

该方法是把 1 号位固定在左上角不动，其他号位每轮逆时针方向轮转一个位置，就可以排出下一轮全部轮次的比赛秩序。如表 4-1 所示，8 个队参加比赛的比赛秩序。

表 4-1　左上角固定“1 号位”的逆时针轮转法的排序

第一轮	第二轮	第三轮	第四轮	第五轮	第六轮	第七轮
1—8	1—7	1—6	1—5	1—4	1—3	1—2
2—7	8—6	7—5	6—4	5—3	4—2	3—8
3—6	2—5	8—4	7—3	6—2	5—8	4—7
4—5	3—4	2—3	8—2	7—8	6—7	5—6

当参赛的队数(人数)为奇数时,用"0"补成双数进行上述轮转,与"0"相遇的队,该轮轮空,即该场不比赛。如表 4-2 所示,7 个队参加比赛的比赛秩序。

表 4-2 左上角固定"1 号位"的逆时针轮转法的排序(轮空)

第一轮	第二轮	第三轮	第四轮	第五轮	第六轮	第七轮
1—0	1—7	1—6	1—5	1—4	1—3	1—2
2—7	0—6	7—5	6—4	5—3	4—2	3—0
3—6	2—5	0—4	7—3	6—2	5—0	4—7
4—5	3—4	2—3	0—2	7—0	6—7	5—6

b. 左上角固定"1 号位"的顺时针轮转法

该方法是先确定最后一轮的比赛,然后再固定一号位,其他位置按"顺"时针轮转动一个号位,倒推出各轮的比赛秩序。如表 4-3 所示,6 个队参加比赛的比赛秩序。

表 4-3 左上角固定"1 号位"的顺时针轮转法的排序

第一轮	第二轮	第三轮	第四轮	第五轮
1—4	1—6	1—5	1—3	1—2
2—6	4—5	6—3	5—2	3—4
3—5	2—3	4—2	6—4	5—6

c. 左上角固定"轮空"号位的逆时针轮转法

该方法是当参赛队为奇数时,"轮空"号位即"0"号位被固定在左上角,其他号位每轮逆时针方向轮转一个位置,即排出下一轮全部轮次的比赛秩序。如表 4-4 所示,9 个队参加比赛该轮转法的比赛秩序。

表 4-4 左上角固定“轮空”号位的逆时针轮转法的排序

第一轮	第二轮	第三轮	第四轮	第五轮	第六轮	第七轮	第八轮	第九轮
0—9	0—8	0—7	0—6	0—5	0—4	0—3	0—2	0—1
1—8	9—7	8—6	7—5	6—4	5—3	4—2	3—1	2—9
2—7	1—6	9—5	8—4	7—3	6—2	5—1	4—9	3—8
3—6	2—5	1—4	9—3	8—2	7—1	6—9	5—8	4—7

d. 右上角固定“轮空”号位或“最大”号位的逆时针轮转法

当参赛队是偶数时，将最大号固定在右上角，采用逆时针轮转依次排出后面的比赛秩序。如表 4-5 所示，6 个队参加比赛该方法排序。

表 4-5 右上角固定“最大”号位的逆时针轮转法的排序

第一轮	第二轮	第三轮	第四轮	第五轮
1—6	5—6	4—6	3—6	2—6
2—5	1—4	5—3	4—2	3—1
3—4	2—3	1—2	5—1	4—5

当参赛队是奇数时，将“0”号固定在右上角，采用逆时针轮转依次排出后面的比赛秩序。如 7 个队参加比赛，该方法排序如表 4-6 所示。

表 4-6 右上角固定“轮空”号位的逆时针轮转法的排序

第一轮	第二轮	第三轮	第四轮	第五轮	第六轮	第七轮
1—0	7—0	6—0	5—0	4—0	3—0	2—0
2—7	1—6	7—5	6—4	5—3	4—2	3—1
3—6	2—5	1—4	7—3	6—2	5—1	4—7
4—5	3—4	2—3	1—2	7—1	6—7	5—6

B.单循环赛制的名次计算

积分计算、相同积分名次计算与弃权处理是现代乒乓球单循环赛制名次计算的三个侧重点。

现代乒乓球竞赛的积分方法是胜一场得2分,负一场得1分,弃权得0分。单循环赛制的积分计算如下表4-7所示。

表4-7 乒乓球积分办法

项目	积分方法
乒乓球	胜一场得2分　负一场得1分　弃权得0分

单循环赛制的相同积分名次计算,如下表4-8所示。

表4-8 乒乓球相同积分比较

项　目	比较范围	计算方式
乒乓球	相互间比赛成绩	i.胜值　ii.胜负比率(胜/负)

当两个队或两个以上的队获胜次数相等时,则需要依据他们相互之间比赛的胜负比率(胜/负)来决定名次。首先计算次率,然后计算场率,再次计算局率,最后计算分率,直至算出全部的名次。单循环赛制的弃权处理如下表4-9所示。

表4-9 乒乓球弃权处理方法

项　目	弃权处理办法
乒乓球	弃权得0分,参加最后名次的排定

②双循环赛制

所谓双循环赛,是指参加比赛的各队或运动员之间相互比赛两次的竞赛形式。该赛制主要用于参赛队数少,以增进交流与提高技战术能力为目的的比赛。

双循环赛由两次单循环赛构成。第二次循环的比赛秩序可以与第一次循环的秩序完全相同,也可采用"抽签"的形式,即依据第一次比赛的成绩重新排定比赛秩序,以确定各比赛队伍在第二次循环中的比赛序号，再按照排定的比赛秩序进行比赛。然后再对两轮循环赛的比赛积分进行计算，从而排出最后的比赛名次。表 4-10 是 8 个队参加比赛的排序情况。

表 4-10　双循环比赛秩序

循环次＼轮次	第一轮	第二轮	第三轮	第四轮	第五轮	第六轮	第七轮
第一次循环	1—8 2—7 3—6 4—5	1—7 8—6 2—5 3—4	1—6 7—5 8—4 2—3	1—5 6—4 7—3 8—2	1—4 5—3 6—2 7—8	1—3 4—2 5—8 6—7	1—2 3—8 4—7 5—6
第二次循环	1—8 2—7 3—6 4—5	1—7 8—6 2—5 3—4	1—6 7—5 8—4 2—3	1—5 6—4 7—3 8—2	1—4 5—3 6—2 7—8	1—3 4—2 5—8 6—7	1—2 3—8 4—7 5—6

③分组循环赛制

分组循环赛多用于参赛队数多，最后排名较重要时使用。分组循环赛制的优点主要表现为以下几点：较能合理择优；比单循环赛所需的比赛场次要少；最佳利用：联赛和最后排名十分重要，时间和场地受限的赛事。其缺点则是种子不易选择与定位。

分组循环赛制主要包括分组不分阶段的循环赛和分组又分阶段的循环赛两种类型。

A. 分组不分阶段的循环赛

分组不分阶段的循环赛又分为两种等级制比赛和分区比赛两种比赛形式。

等级制比赛，即按照技术水平划分为若干等级，进行分组循环赛。分区比赛，即按地区进行分组，划为若干组别进行分组循环赛。

B. 分组又分阶段的循环赛

该竞赛方法是将比赛分为两个阶段或更多阶段，可以用比较少的比赛场数完成所有阶段比赛，同时产生所有参赛队的名次。

2. 竞赛的抽签

目前抽签的方式有两种，一种为计算机抽签；另一种则是卡片式抽签。乒乓球竞赛抽签的准备工作有以下几方面：接受并汇总报名、研究抽签方案、准备抽签用具、组织抽签的管理人员以及进行抽签实习等。如果是采用计算机抽签，需要准备好电脑、投影仪等设备，并且应提前将各个参赛队员的信息输入电脑，并进行相应的抽签程序设定。如果采用卡片式抽签，则需要准备抽签的“签卡”。签卡一般包括“名签”和“号签”两种，名签上有队员信息，号签上则是其位置、组号、区号等信息。

采用不同的竞赛方法时，其抽签的方式也会有一定的差别。

(1)淘汰赛的抽签方式

乒乓球竞赛的单项比赛一般会采用单淘汰赛的竞赛办法，这种竞赛方法在抽签时一般采用“先分区后定位”的抽签方法。通过抽签的方式将运动员合理地分到各个区内，在此基础上再次进行抽签，从而将各个区的运动员确定到具体的号码位置上。确定抽签顺序的方法有多种，如根据报名的顺序，根据运动员的名称笔画等来确定抽签的顺序。

(2)循环赛的抽签方式

乒乓球竞赛的团体比赛项目一般会较多的采用分阶段循环赛的竞赛办法，其进行抽签时，一般采用“直接分组定位”的抽签方法，将种子选手和非种子选手直接确定到各个组内。

下面以乒乓球竞赛为例，来对乒乓球运动竞赛中的抽签程序进行介绍。

示例一：女子团体赛

该团体赛报名队数为 45 个，有 15 个种子队。其竞赛方法如下：三阶段循环赛，第一阶段分成 15 个小组，每组 3 个队进行单循环赛；第一阶段获得同名次的队分成 3 个小组，每组 5 队，进行第二阶段单循环赛。在第二阶段比赛中获得同名次的各 3 个队，再进行第三阶段单循环赛，决出全部名次。

女子团体赛抽签工作的第一步是抽种子，其步骤如下：将 1 到 5 号种子分别抽入第 1、4、7、10、13 组；将 6 到 10 号种子分别抽入第 2、5、8、11、14 组；将 11 到 15 号种子分别抽入第 3、6、9、12、15 组。

女子团体赛抽签工作的第二步是抽非种子，其方法是将 30 个非种子队一批插入各个组内，每个组抽进 2 个队。

女子团体赛抽签工作的第三步是抽比赛序号，其步骤如下：将种子队定为各组的 1 号；抽签决定非种子在各组的比赛序号。

示例二：女子单打赛

该单打赛有 12 个单位的 60 名选手参加，各参赛单位的人数分别如下：

A 队：4 人	B 队：6 人	C 队：8 人	D 队：1 人
E 队：4 人	F 队：7 人	G 队：5 人	H 队：2 人
I 队：3 人	J 队：8 人	K 队：4 人	L 队：8 人

该单打赛采用单淘汰制进行比赛，设 8 名种子：

第 1 号种子：　A1

第 2 号种子：　C1

第 3～4 号种子：C2、A2

第 5～8 号种子：E1、C3、K1、E2

按照每队运动员人数进行分类，可将运动员分为三种类型："R—R"型选手、"S—S"选手和"R—S"型选手。"R—R"型选手，即一个队中人数为 4 的整数倍的那部分运动员。"S—S"型选手，被固定在 1/2 区的交界线上，该类型的选手对 1/2 区和 1/4 区是机动的，可以随机抽入有机动数的 1/2 区和 1/4 区内。"R—S"型选手，被固定在 1/4 区的交界线上，它们对 1/4 区是机动的，而对 1/2 区是固定的，可以随机抽入机动数的 1/4 区内。现代乒乓球竞赛的抽签分区控制详见表 4-11 所示。

乒乓球竞赛的单淘汰赛抽签可分为以下两种：种子运动员抽签和非种子运动员抽签。抽签时应先对种子运动员进行抽签，然后再由非种子运动员进行抽签。

表 4-11 单项抽签控制表

1/2	1/4	参赛单位及选手人数												1/4 区				1/2 区			
		A 4	B 6	C 8	D 1	E 4	F 7	G 5	H 2	I 3	J 8	K 4	L 8	位置数	固定数	轮空数	机动数	位置数	固定数	轮空数	机动数
1	1													16	12	1	3	32	28	2	2
	2													16	12	1	3				
2	3													16	12	1	3	32	28	2	2
	4													16	12	1	3				

种子运动员的抽签方法常通过分批抽签一次定位的方式进行。

在确定第 1 号和第 2 号种子选手的号码位置时,应依据乒乓球竞赛规则的规定,第 1 号种子选手 A1 需进入上半区顶部(即 1 号位置)。第 2 号种子选手 C1 进入下半区底部(即 64 号位置)。

在确定第 3 号和第 4 号种子选手的号码位置时,第 3 号和第 4 号种子选手采取抽签的方式分别抽入第 32 号和第 33 号位置,由于 A1 已进入 1 号位置,同单位的 A2 应进入 A1 不在的另一个 1/2 区(即进入 33 号位置)。同理,C2 种子选手应进入 32 号位置。

最后再确定第 5～8 号种子选手的号码位置,由于 C1、C2 已分别定位于第 4、第 2 个 1/4 区,C3 种子选手只能抽入 C1、C2 所不在的第 1、第 3 个 1/4 区。设 C3 随机抽入第 3 个 1/4 区,剩下三个种子中,则存在两个种子是同一个单位的情况,E1、E2 必须分别抽入第 1 个 1/2 区和第 2 个 1/2 区,接下来就是下半部只剩一个种子位置,在第 4 个 1/4 区,而 E1、E2 就需要有 1 人进入第 4 个 1/4 区,设 E2 抽入第 4 个 1/4 区(即 49 号位置)。E1 抽入上半区的第 1 或第 2 个 1/4 区。设 E1 抽入 16 号位置。而最后一个 5～8 号种子 K1,方能进入第 2 个 1/4 区(即 17 号位置)。

乒乓球竞赛非种子选手的抽签常分为两步:先抽签"分区",然后再通过抽签进行"定位"。

非种子运动员抽签“分区”方法如下：抽“R—R”型非种子选手时与各区的机动数无关；抽“S—S”型非种子选手时，确定1个“S—S”型非种子选手进入某1/4区，即需将该1/4区以及该1/4区所在的1/2区的机动数均减去1；抽“R—S”型非种子选手时，凡确定1个“R—R”型非种子选手进入某1/4区，需将该1/4区的机动数减1。某区的机动数减为0时，选手不能再进入该区。

3.竞赛的编排

现代乒乓球竞赛编排工作，是在竞赛规则和规程要求的基础上，根据实际报名情况，通过抽签方法确定每个队（选手）在各个项目比赛中的位置的方式进行的。

其任务主要是在一定的时间内，将全部比赛科学合理地安排在一定数量的比赛场地上，并按照秩序参加比赛，即通过编排来确定全部比赛的日期、时间和台号。

（1）现代乒乓球竞赛编排工作要求

①确定运动队和选手的最大极限量

A.乒乓球竞赛的编排方案应立足于各队，同时还应依据每个选手在各项目的每次比赛中可能获得胜利的原则进行编排，并依此来确定运动队和选手的最大极限量。

B.在编排竞赛方案时，应尽量降低选手在场时间和实际比赛时间的比例。

C.竞赛方案的编排需要注意运动员不得连场比赛，即在两场比赛之间应有不少于一场比赛的时间。

D.竞赛编排方案应避免同一个选手在多场地比赛中出现一节比赛在两个场地进行的情况。

E.乒乓球竞赛编排工作要求，在单项比赛中七局四胜制的比赛每节一般不超过三场，每天不超过七场，团体比赛每天不超过三场，每节不超过一场。

②满足和适应观众的要求

A.乒乓球竞赛编排工作应注意将男、女队或男、女选手安排在一节比赛中，避免出现“清一色”的情况。

B. 编排工作应注意每一节比赛都要安排优秀运动员参加，以满足观众渴望观赏“精彩”比赛的需求。

C. 防止发生全场出现“空场”的局面

D. 乒乓球竞赛编排工作还需要将一些晚上和节假日的比赛安排在较为重要和精彩的场次上，以赢得上座率，提高收视率。

E. 重视电视传播。

③重视团体和单项决赛的安排

A. 竞赛编排方案应使团体决赛和单项决赛单独进行。

B. 安排单项决赛时可通过两种方式进行：a. 混双提前进行。男单、女单，男双、女双四个项目一个晚上进行比赛。b. 混双提前进行，男双、女单一个晚上进行比赛，女双、男单最后一节进行比赛。

C. 乒乓球竞赛编排方案还应将单项决赛标出日期和节次，不排定具体的时间和台号，这对于裁判长调度和电视传播十分有利。

④符合竞赛规程的规定和节约比赛的经费开支

方案的编排工作应遵守竞赛规程的各项规定。在乒乓球竞赛过程中，应采取多种有效措施努力节约各方面经费的开支。

(2)现代乒乓球竞赛编排工作内容

①编排方案的设计

设计编排方案时，需要考虑比赛方法、参赛队选手的人数、比赛日程、场地和球台的规模等多种因素。搞好整体设计是编排方案的重中之重。在大多数情况下，编排方案需要在抽签前做好预案。

②乒乓球竞赛秩序编排

A. 单项比赛的编排

乒乓球竞赛秩序编排工作，应避免单项比赛的一节比赛中出现男子或女子比赛，或只进行双打比赛。为了解决混合双打的连场问题，可在观众较少的节次中突击三轮，以避免比赛出现“清一色”现象。

B. 团体比赛的编排

一般乒乓球竞赛的一节比赛中每张球台安排男、女团体赛各一场。为防止“连场”和“重场”的情况出现，在比赛节目衔接的情况下，往往会采取男女相对固定的竞赛方法，一般是“先女后男”。

③乒乓球竞赛编制秩序表

A. 单项比赛秩序表

在单项比赛中，单淘汰赛是基本的竞赛方法。单淘汰赛的比赛秩序表格式如图 4-3 所示。

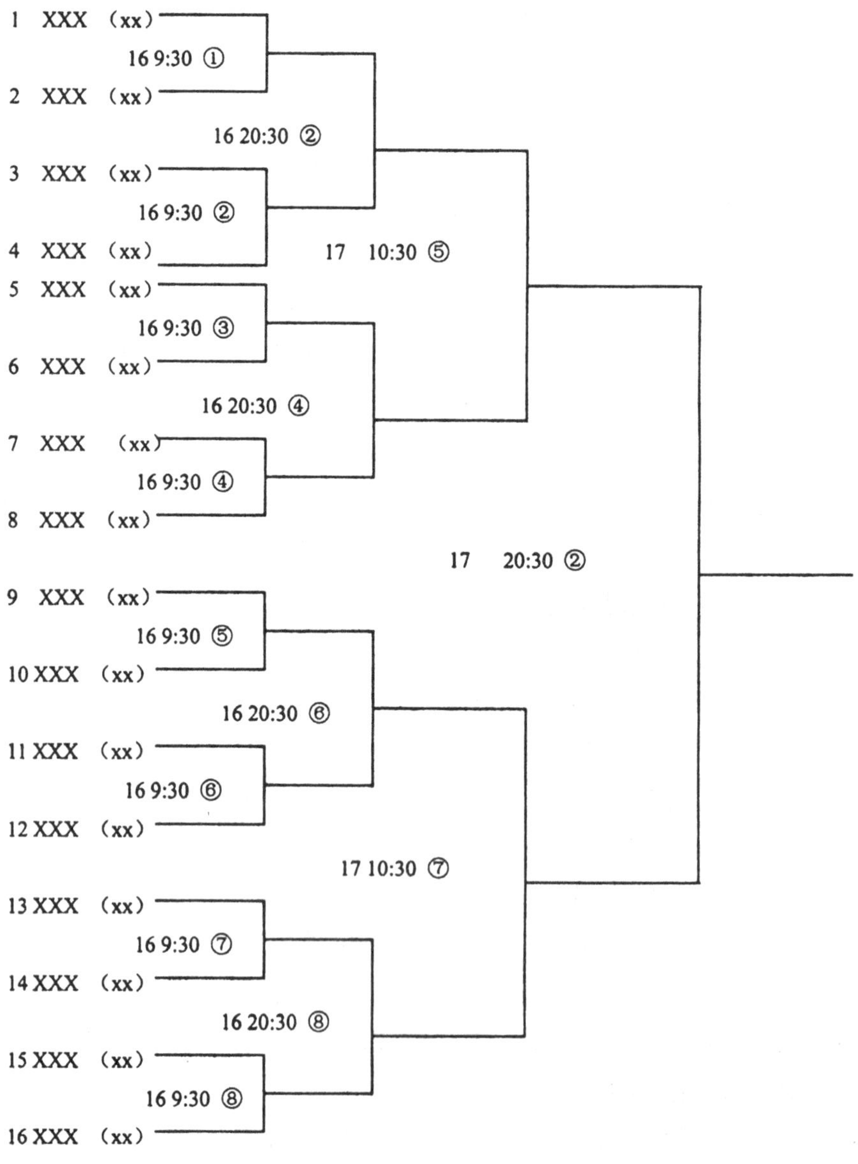

图 4-3

B. 团体比赛秩序表

单循环赛是团体比赛的基本方法，单循环赛常采用坐标式秩序表，格式如表4-12所示。

表4-12 单循环赛坐标式秩序表

	A	B	C	D	E	F	积分	比率	名次
A									
B	12 8:30 ③								
C	11 14:30 ②	10 14:30 ②							
D	11 8:30 ③	11 14:30 ①	10 8:30 ③						
E	10 14:30 ①	10 8:30 ②	11 8:30 ①	12 8:30 ②					
F	10 8:30 ①	11 8:30 ②	12 8:30 ①	10 14:30 ③	11 14:30 ③				

④乒乓球竞赛编排结果的检查与核对

在结束乒乓球竞赛编排工作后，应认真检查和核对编排结果。仔细检查运动队和选手的比赛强度是否合理和适当，是否会出现“连场”情况或一名选手在一节时间里参与两场比赛的情况，编排方案是否符合乒乓球竞赛规程规定与要求等。

（二）竞赛前后的组织工作

1.赛前工作

（1）竞赛委员会和管理机构

为了更好地组织和筹备竞赛的相关工作，应当在赛前建立相应的组织领导机构，对竞赛工作的各个环节进行管理和控制，保证各项工作都在统一的领导下合理有序地开展。竞赛委员会是整个竞赛组织工作的最高领导机构，它对各职能部门的人员进行设置，批准各项工作的实施，管理活动的经费，处理运动中的重大问题等。为了更好地开展工作，精确有效执行和贯彻竞赛委员会的各项政策和决定，应设立相应的工作组，各组负责不同的工作内容。

（2）仲裁机构

仲裁委员会是体育竞赛的仲裁机构，其任务是负责处理比赛期间执行竞赛规则过程中发生的各种纠纷，保证竞赛的规则和竞赛规程得到正确的执行。在规模相对较大的比赛中，都会设立这一机构，当运动员就竞赛规则和规程执行过程中出现的问题进行申诉时，仲裁委员会进行必要的调查和研究，决定是否受理，并召开委员会会议进行讨论，做出相应的裁决。

（3）竞赛计划和竞赛规程

竞赛计划是前期筹备的范围，计划的主要内容包括竞赛的名称、比赛项目、时间、地点、参加者、主办单位等方面。为了顺应我国体育发展的需求，在制定乒乓球竞赛计划时，应注意竞赛的广泛性和群众性，推动群众参与到体育运动之中。

比赛的种类也有很多，如综合性运动会、联赛、邀请赛、友谊赛、对抗赛等，应根据需要确定比赛的种类。

竞赛的组织方案是体育竞赛有关筹备工作的总计划，也被称为竞赛筹备工作方案。竞赛组织方案立足于现实，对竞赛的组织提出相应的建议和计划。竞赛组织方案在拟妥后，经过相应的部门的审批，从而成为筹备工作的基础。

竞赛规程是乒乓球竞赛的具体法规，是竞赛中开展各项工作的基本依据和重要指导。其由主办单位拟定，对竞赛的各个方面进行了相应的规定。竞赛规程一般包括十二项内容：比赛名称，目的与任务，比赛日期与地点，参加单位，参加办法，运动员资格，竞赛办法，录取名次和奖励办法，裁判员，报名日期，报到时间及地点，注意事项。

(4)裁判队伍

裁判队伍的组织工作是乒乓球竞赛的关键环节之一。裁判队伍包括裁判长、副裁判长以及裁判员。根据比赛规模和规格的不同，裁判队伍的配合和级别要求也有所不同。在裁判队伍名单确定以后，发出选派裁判员的通知，对比赛进行相应的说明，并及时与裁判员取得联系。在进行乒乓球竞赛时，会在比赛前几天组织裁判员进行学习，正确执行竞赛规则，并促进竞赛工作的开展。

(5)落实场地器材

在比赛开始前，应按照竞赛组织方案和竞赛规程的要求，落实和检查竞赛场地和器材，保证其符合运动竞赛的要求。竞赛的场地和器材应保证其质量和数量，满足竞赛的需求。在比赛中需要用到的各种物品也应准备齐全，各类器材设备应设专人进行负责和保管，避免出现丢失、损坏和浪费等情况。

(6)安排赛前训练

比赛的场地相对较为有限，而参加比赛的人数较多，为了解决使用训练场地的矛盾，竞赛主办部门应统一安排赛前训练。赛前训练的具体安排应制成训练时间安排表，保证训练活动能够有序开展。

2.赛后工作

赛后阶段是乒乓球竞赛管理过程的终结阶段，组织者对自身的工作进行全面的评估，总结经验和教训，找出竞赛组织中的问题，并提出相应的改进意见，做好竞赛资料的整理和其他各项善后工作。赛后阶段的工作主要有以下几个方面的内容。

(1)印发成绩册

竞赛成绩册是乒乓球比赛结果的汇总,具有一定的实际参考价值,是重要的体育运动材料和历史记录。如果有条件,应将各项运动比赛的成绩汇编成册。包括的内容有:各项比赛成绩、各项前6名、荣获体育道德风尚奖名单。

(2)处理善后事宜

在乒乓球运动比赛结束之后,还有一些善后事宜需要处理,包括:对比赛资料的整理,对相关单位和人员的感谢,对相关人员的奖励,经费和账目的结算,器材设备的清理等。

(3)进行竞赛总结以及裁判员和运动员技术等级申报

比赛的总结包括对基本情况、基本经验的总结,以及对竞赛组织过程中的问题进行分析,并对以后的工作提出想相应的建议。

在竞赛之后,乒乓球运动员在比赛中达到相应等级称号所规定的技术标准,经具有相应等级称号的裁判员主持裁判工作,并签字证明,则可申请运动员技术等级称号。

(三)竞赛中的临场组织与管理

临场组织与实施是整个竞赛组织工作的重心环节,也是决定竞赛工作成败与得失的关键。在竞赛的过程中,应对各项工作的每一个细节予以高度的重视,对竞赛工作进行科学的管理。乒乓球竞赛过程的管理可分为三个方面,分别为时空控制、纪律管理以及临场制裁管理。

1.时空控制

时空控制简单来讲,就是对时间和空间的控制和管理。时间管理的重要方面是对时间间歇的控制和管理,时间间歇分为正常时间间歇和非正常时间间歇。正常时间间歇是规则体现出可以预见的间歇时间,一些允许的间歇时间,运动员可以进行适当的休息。非正常时间间歇是规则体现但并有严格规定的间歇时间，如运动员受伤或是运动器材损坏时，在规则允许的范围内，运动员可在裁判的允许下暂时停止比赛。

空间管理则是对比赛的空间和场地等方面进行的管理和控制。当运动比赛的球台有很多时，球台的防止应注意每个球台的照明都符合规程的要求，球台之间应避免形成干扰，方便运动员进行比赛，并且球台的放置应方便工作人员在场内的行走。

2.纪律管理

临场纪律管理包括四方面的内容，分别为裁判员的临场纪律管理、运动员的临场纪律管理、场外指导的管理以及申诉的处理四个方面。裁判员在运动比赛过程中，应秉持公平、公正的原则，保持一定的严谨性，根据自身的执裁与管理经验来对事实予以判定。运动员和教练员在比赛过程中，应避免可能不公平地影响对手、冒犯观众和影响本项运动声誉的不良行为。在团队比赛时，运动员可接受任何人的场外指导；在单项比赛中则其只能接受一个人的场外指导，并且指导者的身份应在比赛前向裁判说明。指导者应避免非法指导。运动员对于裁判人员就解释规则或规程的问题做出的决定不服时，可以向裁判长提出申诉，裁判长的最终决定为最后的决定。

3.临场制裁

(1)乒乓球临场裁判组织与实施的基本原则

为了保证乒乓球竞赛能够顺利而有序地进行，裁判应起到组织者的作用，组织好入场和退场的各项工作，并对器材设备进行必要的检查，在比赛中要严格公正执法。裁判是竞赛规则的执行者，在制裁过程中，应正确执行规则，减少误判，消灭错判，准确、平稳地进行判定，裁判员应保证竞赛的公平、公正、平等以及合乎规则和规程。裁判同时还是比赛中的教育者，在比赛中不仅要严格要求自己还要以身作则，起到良好的教育者的作用。

(2)乒乓球临场裁判组织与实施过程的素质要求

裁判对于比赛有着举足轻重的作用,作为裁判必须具备优良的道德品质和思想修养。具体而言,其应具备以下几方面的素质。

①道德品质和思想修养

优秀的裁判员首先应客观、公正,这是其首先一般具备的道德品质。无论几倍的高低,都必须具备公正无私的道德品质。诚实也是裁判员道德的基本原则,在工作中表现为坚持实事求是。果断是裁判员的明显特征,能够根据规则的要求,做出果断的判罚。另外裁判员还应具有谦逊、热情等品质。

②业务素质

作为裁判员不仅需要具备优良的道德品质和思想素质,其还应具有过硬的业务素质,能够完全胜任裁判工作。裁判员应对乒乓球运动的各项规则熟练掌握,并能够融会贯通。另外,裁判员还应具有良好的组织协调能力,保证比赛的流畅进行,具有较高的工作效率,使得裁判工作有序进行。

③心理素质

裁判员应具有三方面的心理素质能力。其一,是要有坚定的信心,有信心做好裁判工作,不患得患失。其二,裁判员要有把握和掌控全局的能力,遇到执裁的困难时,能够冷静处理,不应受外界干扰。其三,应镇定自若、处事不惊,在竞赛过程中,应保持高度集中的精神。

④身体素质

虽然乒乓球裁判员并不像足球和篮球裁判那样对其身体素质有着较高的要求,但是乒乓球裁判也应具备良好的身体素质。乒乓球运动比赛较快,这考验着乒乓球运动员的灵敏反应能力和心脏承受能力。有些比赛甚至连续一天都会进行,这对裁判员的身体素质无疑是巨大的考验。

三、乒乓球竞赛的计划与筹备

对于乒乓球竞赛而言，竞赛的计划和筹备工作是不可缺少的前期准备。计划与筹备的完善程度对竞赛组织工作有着十分重要的影响，它决定着竞赛能否顺利开展。其中，拟定竞赛的组织方案、规程，确定竞赛的组织机构和裁判队伍的组成，以及制定各项工作计划等，是现代乒乓球竞赛计划与筹备工作的主要任务。

（一）制定乒乓球竞赛计划

现代乒乓球竞赛计划主要有以下内容：全年组织竞赛次数、每次竞赛名称、竞赛设项、竞赛时间、竞赛地点、参赛单位、参加人员、主办单位、筹备组织等。还可以将将竞赛计划按照竞赛名称、项目、参加单位、人数、地点、日期、主办单位、承办单位、筹备者等内容编排成竞赛计划图表，上报单位领导进行批准。

在制定乒乓球竞赛计划时，还应注意遵循竞赛的节奏性、广泛性和群众性原则。

（二）划分乒乓球竞赛种类

依据乒乓球竞赛的性质、规模、任务的不同，现代乒乓球竞赛的种类划分有多种形式。大型综合性运动会拥有不同运动项目，其具有规模大、项目多、参赛单位和运动员人数多，所需场地、器材、裁判员、工作人员较多，竞赛组织工作较为复杂的特点。乒乓球联赛是在集体球类项目同一运动级别代表队之间，定期组织的一种竞赛形式。对抗赛是在同一级别或水平大致相当的运动队之间进行的一种比赛。选拔赛是为发现和挑选较优秀的运动员或运动队，准备参加上一级竞赛而组织的比赛。邀请赛是由一个单位发起并主办，邀请其他单位参加，通常在主办单位所在地进行的一种比赛。友谊赛是为增进友谊，丰富节假日文化生活而组织的非正式的一种比赛。

（三）拟定乒乓球竞赛组织方案

乒乓球竞赛组织方案又称为乒乓球竞赛筹备工作方案，是指举办一场乒乓球竞赛的有关筹备工作的总计划。其通常包括以下内容：比赛名称、比赛的目的和任务、比赛时间和地点、主办和承办单位、竞赛项目、参加单位和总人数、奖励办法、裁判工作、开闭幕式、领导、保障工作、实施步骤等。拟定的乒乓球竞赛组织方案要符合实际情况，具有充分的依据。方案拟订完之后，需上交本级或上级领导审批，通过后便可开展筹备工作。

（四）制定乒乓球竞赛规程

乒乓球竞赛规程是乒乓球竞赛中各项工作的基本依据和组织竞赛的重要环节，它是由竞赛的主办单位负责拟定的指导性文件。一般由业务部门根据竞赛计划和竞赛组织方案的要求写出初稿，会同有关方面共同讨论，报领导审批。

乒乓球竞赛规程的制定应符合实际情况，对乒乓球竞赛所要达到的目的，对群众性体育活动所起到的导向作用，都要有明确的指导思想。制定竞赛规程时，还应深入调查竞赛项目设置、竞赛办法、计分办法、参赛资格以及奖励办法等内容。

乒乓球竞赛规程主要包括比赛名称、目的与任务、日期与地点、参加办法、竞赛办法、参加单位、运动员资格、录取名次和奖励办法、裁判员、报名日期、报到日期和地点、注意事项等内容。

（五）确定乒乓球竞赛组织机构和裁判队伍组成

对乒乓球竞赛组织机构和裁判队伍组成情况的确定，是乒乓球竞赛计划和筹备工作的重要内容。由于乒乓球竞赛筹备工作的复杂性、涉及多个部门、属临时性工作等原因，乒乓球竞赛组织机构和裁判队伍的人员应尽早确定下来。

组织机构的建立视比赛情况与实际需要而定，人员要精干。在确定了组织机构的人员之后，在乒乓球竞赛的前期筹备工作

确、环节衔接紧凑。开幕式的程序如下所述。

①宣布×××比赛开始(奏运动员进行曲)。

②举行裁判员、运动员入场仪式。

③奏乐(国歌或军歌)。

④由领导或主持人致开幕词。

⑤运动员代表讲话或宣誓。

⑥裁判员代表讲话或宣誓。

⑦裁判员、运动员退场。

⑧开幕式表演开始(在时间不允许时,此程序可省略)。

⑨宣布开幕式结束(比赛开始)。

为保证开幕式的庄严、热烈、隆重的氛围,一般成立开幕式临时指挥系统,负责控制、指挥开幕式各项活动准确、顺利进行。开幕式临时指挥机构可由不同的各部门或人员协调配合组成。

(3)开幕词的结构

开幕词是主办乒乓球比赛单位的领导人在开幕式时对比赛的宗旨、任务、目的、要求等进行的重要讲话,要求简明扼要、集中体现大会的指导思想,为竞赛定下总的基调。

开幕词的结构一般包括开头语、全体文、结束语三个部分。开头语主要由三个部分组成:称呼语、宣布大会开幕、代表上级机关和大会组委会向有关人员致以问候。主体文按层次分为三层:第一,简要总结过去的比赛成绩;第二,指出本届比赛的目的、意义和指导思想;第三,向参赛的运动员、教练员、裁判员提出任务、要求和希望,结束语要有鼓动性和号召性,写得简短有力。最后,预祝大会圆满成功。

开幕词语言的运用要求要简洁明快,亲切热情,自然流畅,多用一些鼓舞人心的词语和肯定的句式,营造开幕式热烈的气氛。

2.闭幕式和颁奖典礼的组织管理

闭幕式代表着赛会结束,主要作用是宣传赛事和扩大赛事影响。闭幕式所具备的基本内容包括赛事组织委员会主席致闭幕辞、文艺表演、宣布赛会结束等。闭幕式的特点与开幕式相似。

(1)闭幕式的程序

乒乓球比赛闭幕式的程序如下所述。

①宣布×××赛(或单项比赛)闭幕式开始。

②裁判员、运动员入场(也可选择不入场的形式)。

③宣布比赛成绩和获奖人员名单。

④请颁奖嘉宾为获奖人员发奖(应根据情况分为数批)。

⑤致闭幕辞。

⑥裁判员、运动员退场。

⑦闭幕式表演开始(时间不允许时可省略此程序)。

如果不组织表演,则在最后一场比赛结束后,立即组织发奖仪式,然后宣布比赛结束。

(2)闭幕词的结构

闭幕词是主办体育竞赛单位的领导人,在比赛闭幕时所作的总结性讲话。闭幕词与开幕词结构相似。主要区别是各自的内容和所起的作用不同,闭幕词具有评价和总结两个突出特点。

闭幕词的结构可分为开头评价语、主体文、结束语三个部分。开头评价语是在称呼语后,宣告比赛结束,并对比赛情况做简要恰当的评价。主体文可分为两个层次,第一总结比赛的基本收获,估价程度要符合实际。第二项与会人员提出希望和发出号召。结束语是向有关人员表示感谢并宣告×××比赛胜利闭幕。

闭幕词要求高度概括,不要拖泥带水,行文要充满热情,语调昂扬,使比赛在高潮之中圆满结束。

(3)颁奖仪式的组织方法

乒乓球比赛的颁奖仪式,一般分为闭幕式颁奖和当场颁奖两种形式。

颁奖仪式可根据实际情况,在比赛的一个单元或比赛全部结束后举行颁奖仪式。由裁判组将竞赛成绩交裁判长和仲裁主任签字确认后进行颁奖。

闭幕式颁奖仪式要事先进行设计安排,并按实际情况进行颁奖。当获奖人员较少时，可在宣布成绩后直接请获奖人员上台领奖。获奖人员批次较多，各类奖牌或者奖旗数量又不相等时，适宜于分批次上台领奖。闭幕式前，要确定和训练颁奖工作人员，并组织领奖人员在观众席前排依次就座。颁奖程序要有专人负责进行明确的分工，避免出差错。

（二）乒乓球竞赛相关活动的组织与管理

1.与竞赛有关的文化活动

乒乓球赛事文化活动除了开幕式、闭幕式外，还包括民族文化展演和文艺演出等。这些活动可以对竞赛进行广泛、全面、深入的宣传教育，扩大体育赛事的影响，获得社会的认可，吸引大众参与。

2.竞赛前期活动的组织与策划

乒乓球竞赛前期活动的组织与策划最终目的都是为了提高赛事的影响力，可以通过一些营销策略、媒体宣传、名人效应等手段提高赛事知名度。

（1）媒体宣传

赛事的宣传者为宣传比赛，可组织新闻媒体在大赛前进行比赛。主要作用包括两个方面，首先，比赛本身就是对比赛的宣传，新闻界的参加可以让赛事报道更加便捷、迅速。另外，通过亲身体验，赛事的组织者与新闻媒体的配合会更加亲近和默契，有益于赛事的宣传与报道。

（2）明星效应

乒乓球明星运动员是赛事推广和宣传的最佳形象大使。在比赛前期的宣传中，可以邀请一些现役明星运动员或者退役的元老明星运动员出席启动仪式或举行宣传比赛。

3.竞赛过程中相关活动的组织与实施

在竞赛过程中有很多活动，主要包括以下几种。

(1)举行变异规则的挑战赛

利用规则多变来改善赛事的观赏性和激烈性。比如为了增加赛事的娱乐元素,可以通过组织普通观众和业余爱好者向乒乓球明星运动员进行挑战赛,以最大限度地扩大社会关注度。

(2)举行乒乓球明星运动员见面会

为扩大赛事影响,吸引更多的观众,拓展市场,需在比赛间隙组织明星运动员与观众开展互动。包括邀请明星与追随者见面,邀请明星为辅导班或训练营上课,邀请明星进行客串举行表演比赛等。

(3)举行赛间的观众互动

在比赛正式开始前或者比赛结束后,举办者可以有意识地安排运动员向观众抛撒一些比赛纪念球、纪念品等,提高赛场气氛,吸引观众注意力。

(三)赛事后勤保障与服务

体育竞赛的后勤保障和服务工作繁杂、千头万绪,对于后勤工作人员来说无疑是巨大的挑战。一般将后勤服务与保障工作分为三方面的内容,分别为竞赛接待服务与组织、竞赛安全保卫工作以及一些其他方面的保障性工作。

1.竞赛的接待服务与组织

竞赛的接待服务是为参与赛事的各类人员提供住宿、餐饮、交通一系列服务的集合。随着运动竞赛的市场化发展趋势,在提升服务质量的同时,也应注意服务工作的“成本——效益”意识和服务工作的信息化。

后勤和接待服务需要一定的成本支出,如果缺乏成本意识,不能为赛事创造相应的经济效益,则将会导致不必要的浪费。应加强接待服务成本的预算和控制,并加强对接待服务的市场开发,寻求相应的赞助和支持。接待服务是一个满足需求的过程,因此应对接待对象的需求进行分析,搜集各方面的资料,这就需要借助于现代信息管理系统，提高服务工作的效率和服务的质量。

为了保证服务工作能够合理、有序开展，应立足于竞赛工作的具体实际，设立相应的工作机构，构建具体的机构和职位。

2. 安保与突发事件的组织与预防

安保工作是乒乓球赛事成功举办的根本保障，是赛事成功的主要标志之一。为了保证赛事工作的安全，赛事的管理机构应完成多项预定的工作任务。安全保卫工作是一个整体性问题，需要各方面都积极参与。安保工作基本内容有如下几方面。

(1)安保工作的程序与内容

①制定安保工作计划和方案

要想确保乒乓球赛事取得圆满成功，最为首要的任务就是要做好乒乓球竞赛的安全保卫计划。安全保卫计划与应急处理方案在任何类型的乒乓球竞赛的方案设计中都居于重要的位置。

大型的乒乓球竞赛具有集合公众的功能，甚至象征着一种狂热的朝圣仪式，大型体育设施的公共安全以及运动员和观众的人身安全容易显示出其薄弱环节，并容易成为恐怖组织和激进分子可能选择的攻击目标。因此，大型乒乓球竞赛期间的安全保卫计划不仅是赛事组织者和经营者关注的重点，而且是政府组织和官员关注的重点。

赛事的安全保卫计划主要包括以下内容。

A. 设施故障补救计划

体育场馆设施的正常运转是保证赛事成功的基本要求，然而乒乓球竞赛所需的场馆设施，往往会因为主观或客观原因而出现一些临时的或突发的故障。因此，制定体育场馆设施故障的补救计划或备用方案显得十分重要。提前制定《设施故障补救方案》，提出相关器材设备的备用物品清单，并适时购进相关备用物品，做到有备无患。

B. 自然灾害防范计划

自然灾害的预防和控制是赛事安全保卫计划的重要内容。

不可抗力对赛事的影响是不可避免的，但赛事组织者和经营者是否有能力应对自然灾害，则显得更为重要。政府部门在筹备比赛场馆和安全保障系统时，对可能出现的地震等自然灾害作有效的预防措施。其中一项非常重要的措施就是对赛场建筑以及重要的交通路线进行处理，这些措施保证了比赛场馆和相关运输线路畅通。

C. 突发事件应急处理计划

体育比赛具有激烈地身体对抗性和广泛地群体参与性。在赛场上，运动员发生运动性损伤的可能性随时存在，有的项目因其对抗性强或竞争激烈，容易发生主动伤害，或者意外伤害，甚至发生赛场暴力。在赛场外，大规模的观众和球迷集会，容易因为各自拥戴的球队不同而发生冲突。因此，赛事组织者和经营者需要在赛事设计时，制定周密的紧急防暴计划和紧急医疗救治计划，以使损失减小到最低限度。

②安保工作的机构设置

安全保卫总体计划和方案需要组织严密的机构和高效的人员去执行。乒乓球竞赛的运作管理机构应该合理设置安全保卫部门，聘请专业工作人员，即使是小规模的赛事，也至少应该设置专职专责的人员负责安全保卫工作。大规模综合性赛事，在安全保卫部门内部可以根据职能分工分设处室。

无论是赛事的规模大小，在安全保卫工作的组织方面，始终要保证集中、统一、高效、畅通的指挥系统，并且要建立严格的安全保卫工作管理制度，包括工作制度、会议制度、公文处理制度、重要事项监督制度、保密制度、财务制度、印章管理制度等。

在建立了赛事安全保卫组织架构、配备了相关工作人员后，需制定并实施安全保卫培训计划。一方面是针对安全保卫工作人员所承担的具体职能开展的专业培训，包括紧急救援、现场疏散、突发事件处置、场馆驻地安检规范等；另一方面是安全保卫基础知识培训，包括赛事知识、赛事礼仪等。

(2)与赛事运作管理机构内外部的合作

①与赛事运作管理机构内部其他部门的合作

安全保卫部门是对乒乓球竞赛的安全保卫工作进行统筹管理的部门,需要与赛事运作管理机构的其他职能部门保持沟通,协调安全保卫工作中出现的各种问题。

在新建、改造和扩建场馆的安全保卫配套设施建设方面,应与场馆建设部门合作,对场馆的交通、消防、通信等安全设施进行检查,督促场馆按照安全保卫配套设施标准进行建设和改造,对存在的安全隐患需及时消除。

在安全保卫所需要的装备的购置方面,应与负责物资采购或者提供部门进行沟通,由安全保卫部提出装备的标准和要求,并进行严格的检查验收。

在竞赛的安全保卫方面,应与竞赛部合作,竞赛部应及早向安全保卫部门提供赛事的竞赛日程安排及其他的重要赛事信息,如有变动,也须及时告知,以便安全保卫部根据竞赛安排做好安全保卫力量的布置及调整。

在加强赛事相关人员及对社会安全保卫意识方面,应与新闻宣传部门合作,根据赛事筹办的进展状况和实际需要,针对不同群体进行赛事安全宣传,并及时发布有关安全保卫方面的公告,如开幕式时交通管制公告等。

在驻地宾馆、饭店的消防、人员安全保卫方面,应与后勤保障部门合作,在其协助下对驻地进行建筑消防的安全检查,要求负责接待的部门提供准确、详细的参赛人员驻地信息,根据资料确定不同区域的安全保卫级别和安全保卫力量的布置。

在志愿者安全知识培训及志愿者参与安全保卫工作方面,应与人力资源部门(或志愿者管理部门)合作,对所有志愿者进行基本的安全知识培训,并根据安全保卫部的需要和要求,选用部分志愿者。

在赛事相关大型活动如开幕式、闭幕式的安全保卫方面,应与市场开发部门进行沟通,要求市场开发部门及早提供详细的商业活动方案，由安全保卫部门就活动的安全事宜进行审核，并配置适量的安全保卫力量。

在安全保卫工作的财务保障方面，应与财务部门随时沟通，安全保卫部应及早向财务部门提出安全保卫的财务预算，由财务部门进行审批，接受财务部门的监督。

除此之外，安全保卫部也应与办公室、行政部门保持良好的沟通与合作，保证安全保卫工作的顺利进行。

②与赛事运作管理机构外部组织及人员的合作

安全保卫部与赛事运作管理机构外部的合作主要在两方面，一方面是政府有关职能部门，一方面是安全保卫设备供应商。前者主要包括公安、交通保卫设施供应商、消防器材供应商、通信器材供应商等。

除此之外，现代的大型乒乓球竞赛由于内外部环境越来越复杂，乒乓球竞赛运作管理机构只依靠自身的安保技术和力量往往心有余而力不足，因此日益重视开展与国内外专业的安全保卫机构进行合作，充分吸收和借鉴成功经验，学习和运用新的安全保卫技术。

(3)突发性事件的预防管理

①突发性事件预防管理的基本原理

预防管理的基本原理是：预防管理人员依据预防管理目标确立不同的预防监测指标，并用这些指标对预警管理对象实施检测，发出不同的预警信号，从而为管理者的预控与危机应急决策提供依据。

乒乓球竞赛预防管理的基本原理是：在乒乓球竞赛的组织过程中，根据预警管理原理，赛事的安全管理部门收集可能影响赛事顺利举行的各种突发性事件的信息与情报，然后对这些因素进行分析、甄别与评估，确定可能导致乒乓球竞赛突发性事件的典型诱导因素，据此建立预警检测指标体系和突发事件安全阀值，并在此基础上输出突发事件的预警信号，最后根据不同级别的预警信号，作出不同的控制、防范、规避或者应对的决策，最大限度地降低突发性事件造成的危害。

②处理突发性事件的原则

A. 立场明确原则

突发事件发生后，乒乓球竞赛运作管理机构需要保持一定的灵活性来应付事态的发展变化，但不能在公众和媒体面前闪烁其词或者立场摇摆不定，这样会让公众和媒体认为赛事运作管理机构处理事态不利，甚至以为刻意隐瞒真相。因此，对于赛事突发事件的基本立场必须严格遵守，并且反复强调。

B. 忠于事实原则

通常情况下，乒乓球竞赛突发事件会使公众产生种种猜测和怀疑，尤其是大型赛事，更容易引起社会各方的普遍关注。当突发事件发生后，乒乓球竞赛运作管理机构要保持公开、坦诚的态度，不应该表现出高度防卫的姿态，绝不能撒谎，越是隐瞒真相越是会造成更坏的后果。

C. 快速反应原则

乒乓球竞赛突发事件发生后会很快被媒体和公众口头传播，引起社会关注。这时要迅速研究对策，做出反应，并及时公布突发事件的真相和所采取的各项措施。在许多时候，突发事件的严重后果并不在于事件的直接后果，更在于赛事整体形象与信誉的损坏。快速反应一方面会抑制事态的进一步扩大，另一方面也有助于获得公众的同情和支持，这样会减少突发事件的损失。

3. 乒乓球竞赛的其他保障工作

(1)水电保障

①水电保障工作的组织

乒乓球竞赛运作管理机构根据赛事需要，设置供电、供水保障部门、处室或者专职人员，负责协调、检查、督促赛事的供电、供水保障工作。大型赛事常专设供电、供水保障部门，部门内按职能可分为供电、供水调度中心，供电、供水设备保障处，现场保障处等。由于供电、供水保障工作技术性强，要求配置的工作人员必须熟悉和掌握供电、供水设备运行及维护等知识，对供电、供水保障工作人员要进行有关赛事场馆和驻地供电、供水设备操作、运行与维护方面的培训，熟悉赛事的供水、供电系统，提高对供电、供水运行过程中突发事故的处理能力。

②水电保障工作的内容

A. 制定赛事筹备与举行期间的供电方案

在赛事筹备过程中，向赛事各用电、用水部门提供连续、稳定、充足的电和水供应；在赛事举行期间，保证赛事各用电、用水区域的电和水供应，保证开、闭幕式和各项竞赛及其他重大活动的顺利进行。

B. 统筹与监控电力、供水工程的新建、改选和维护

无论是新建场馆、驻地，还是对原有场馆、驻地的维修改造，都会涉及电力、供水工程的建设，包括新建、改造和维护等。供电、供水保障部门应对赛事相关区域电力、供水工程建设进行指导、检查，确保符合电水供应和安全用电、用水的要求，了解电力、供水工程建设进度，保证工程的完成时间，并预留出足够的试运行时间。

C. 指导、监督赛事各区域的用电、用水安全

对各类比赛场馆、人员驻地及运作管理机构的办公地进行安全用电和用水的指导、检查、监督，组织定期巡视和特别巡视，及时发现用电、用水存在的安全隐患，督促相关单位整改，并对整改情况核查，排除隐患，确保用电、用水安全。

(2)医疗卫生保障

①医疗卫生保障的组织

乒乓球竞赛运作管理机构根据赛事需要，设置医疗卫生保障部门、处室或者专职人员，负责向赛事提供医疗保障服务。大型赛事常专设医疗卫生保障部门，部门内按职能可分为医疗救护处、卫生监督处、疾病防控处、医疗保健处等。医疗卫生保障工作需配各具有医务专业知识、经验丰富的工作人员，包括医疗救护人员、卫生督察人员、疾病防控人员等。对医疗卫生保障工作人

员要进行培训。对医疗救护人员的培训侧重于掌握急诊医学的基础理论、常见危重病的临床特点及赛事突发事件中的急救处理。对卫生督察人员的培训侧重于相关法律法规和赛事有关医疗卫生规定的培训，要求熟练使用卫生检测设备。对疾病防控人员的培训侧重于掌握常见传染病的特征、疫情监测手段及传染病疫情应急处理。

②医疗卫生保障的内容

医疗保障工作的主要内容包括以下四方面。

A. 提供优质、高效的医疗救护服务，保障赛事相关人员的健康。

B. 卫生督查，为赛事提供卫生安全的饮食和住宿环境。

C. 对环境进行综合治理，预防传染性疾病。

D. 提供相应的医疗保健服务。

(3)通讯保障工作

①通讯保障工作的组织

乒乓球竞赛运作管理机构根据赛事需要，设置通讯保障部门、处室或者专职人员，负责赛事的通讯保障工作。由于通讯保障工作技术性极强，赛事通讯保障的具体工作通常由邮电通讯服务商承担，而赛事运作管理机构内设的通讯保障部门、处室或专职人员，主要负责对赛事通讯工作的统筹管理，以及对邮电通讯服务商的监督。通讯保障工作人员要求具备一定的通讯保障和经验，有较强的协调、监控能力，以及处理突发事故的能力。

②通讯保障工作的内容

乒乓球竞赛通讯保障工作的主要内容包括以下几个方面。

A. 通讯服务网点的设置根据赛事对固定电信、邮政服务及邮品的需要，在场馆、驻地及周边地区设置服务网点，提供市内电话、长途电话、IP 电话、纪念邮品发售及信件包裹邮寄等服务。

B. 通讯容量的保障在移动电信服务商的配合下，调查评估赛事通讯容量，尤其是峰值容量。根据容量需要制定通讯保障方案，必要时设置基站或安装信号发射器，保障赛事及相关重要活动的通讯畅通。

C.通讯设备的保护在场馆建设改造及水电工程中，防止因施工损坏通讯电缆的问题。同时，在安全保卫部的配合下，对其他恶意破坏通讯电缆的违法犯罪行为进行防止、控制和惩处。

(4)信息保障工作

①信息保障工作的组织

乒乓球竞赛运作管理机构根据赛事需要，设置信息系统保障部门、处室或者专职人员，负责信息系统保障工作。由于信息系统建设与维护是相当复杂的系统工程，通常需要与网络运营商、网络工程公司及软件服务公司合作，或者聘请专业的技术顾问来保证实现预期目标。

②信息保障工作的内容

A.保证赛事信息系统的安全

信息系统增进现代乒乓球竞赛运作效率和质量的同时，也引起了许多安全风险。这些风险来源于系统的自身和外部两方面。前者是由于系统本身设计、安装、运行方面的缺陷、漏洞，可能导致信息系统运作中错误的产生；后者则是某些恶意及不法分子对赛事信息系统的攻击，轻则影响信息系统正常运行，重则导致系统瘫痪，造成巨大损失。因此，要通过技术防范和严格管理两方面的工作来加强对赛事信息系统的安全管理。

B.保证赛事信息系统运行通畅

乒乓球竞赛信息系统是以竞赛组织为中心的现代化赛事运作管理工具，因此乒乓球竞赛信息系统保障工作最重要、最核心的内容就在于集中一切技术力量保证赛事比赛期间信息系统的正常运转，包括计时计分、现场成绩处理、综合成绩处理、综合成绩查询等系统的无故障运行。如果无法保证这些与竞赛息息相关的信息系统的运行，那么其他的诸如新闻宣传、观众服务、内部协调等功能也就失去了存在的基础和意义。

第二节　乒乓球竞赛相关人员的组织

一、运动员的管理

（一）运动员管理的宗旨与主要内容

运动员是竞赛的主体，因此必须要强化管理。竞赛承办单位除了要保证运动员在竞赛期间的吃、住、行等必要生活问题之外，还要给运动员提供舒适的竞赛环境，让运动员充分发挥自我水平，取得理想的运动成绩。

对于重大的乒乓球运动竞赛来说，竞赛主办方管理的宗旨就是尽一切办法尽可能满足运动员的合理要求。同时，也会制定相关管理规章制度，加强对运动员的管理，创造各种便利条件，为运动员创造优异成绩而不懈努力。

（二）裁判员对运动员管理的具体办法

1.运动员及教练员行为表现管理

在乒乓球竞赛过程中，教练员和运动员要尽量克服可能对对手行为表现产生不公平影响的行为，以及冒犯观众，影响乒乓球运动声誉的不良作风。当运动员和教练员在赛区表现出不良的行为作风时，裁判员有权出示黄牌以示警告。当裁判出示黄牌警告后，运动员或教练员再犯，裁判可判对方得分，严重者可驱除赛区，或取消当场比赛资格。若运动员在两场都被取消了比赛资格则自动取消团体（或单项）比赛资格。

2.场外指导管理

在团体比赛中，运动员可接受任何人的场外指导；单项比赛运动员只能接受一个经裁判员授权的人进行场外指导，否则裁判员应出示红牌令其远离赛区。场外指导必须要在规定的时间内，一般是在局与局之间的休息时间或经批准的中断时间内。如被授权的指导者在其他时间内进行指导，裁判员出黄牌警告，再犯者驱除赛区。

3.兴奋剂管理

在乒乓球运动比赛前或比赛中，禁止服用任何兴奋剂或任何以比赛中提高运动成绩为目的的药物，否则将被取消比赛资格。任何运动员如使用违禁药物，一经发现将取消其参加当场比赛的资格并报告其所属协会。

4.申诉管理

在运动中双方运动员所达成的协议都不能对该场比赛裁判员就事实问题解释规则或规程的问题，以及在对比赛进行管理中所作出的决定进行改变。当运动员对裁判员就解释或规程的问题所作出的决定提出不同的意见时，可以向裁判长进行申诉，应视裁判长的决定为最终的决定。当运动员对裁判长就未包含在规程或规则中的与比赛管理相关的问题所作出的决定提出异议时，可以向竞赛委员会进行申诉，视管理委员会作出的决定作为最终的决定。除了上述情况下，当运动员对裁判长就解释规程或规则中的问题作出的决定或竞赛管理委员会就比赛管理方面的问题作出的决定仍存在不同意见时，可以由能够行使申诉权利的队长或运动员经过所属协会，将存在的问题提交到国际乒联规则委员会进行审议。

二、裁判员的管理

在体育竞赛过程中，裁判员的职责是依据竞赛规程和竞赛规则，对运动员或运动队成绩、胜负和名次进行评定。裁判员又分为总裁判长、副总裁判长、主裁判、裁判员、检察员、检查员、巡边员、发令员、记时员、风速测量员等。从裁判技术等级上进行分类,裁判可分为国际级,国家级和一级、二级、三级裁判。分工不同,裁判的职能也有所不同,体育赛事能否顺利进行,裁判员起着举足轻重的作用。

(一)裁判员管理的宗旨与内容

裁判员管理的主要负责人是竞赛编排组的裁判长。管理的核心是要抓好裁判员的职业道德教育,要始终保持严肃、认真、公正、准确。对比赛各个阶段的主要环节要制定合理的计划,并组织集训,对比赛中的器材、服装、竞赛规则等要统一管理。重要岗位的裁判员要进行必要的考核和反复训练,比赛期间要对裁判的工作职能合理分工,慎重安排水平较高的裁判员担任临场工作,尽量安排与参赛队无关的裁判员,避免比赛结果出现不公平现象。

(二)裁判的权利与职责

1.裁判长及其工作职责

裁判长的工作职责是保证竞赛规则在比赛中得以贯彻执行,充分体现裁判的公平、公正,是竞赛执裁工作的主要负责人。主要职责有主持抽签,编排比赛日程,指派或更换比赛工作人员,审查运动员参赛资格,有出现紧急状况中断比赛的权力,决定比赛期间运动员是否可以离开赛区权力,解释规则和规程的任何问题,能够对裁判员、副裁判员或技术员进行更换,但不能对更换者职权范围内就事实问题作出的判定结果进行更改。

2.裁判员、副裁判员及其工作职责

乒乓球裁判员是被指定管理一场比赛的人,副裁判员是指能够在某些方面给裁判员工作提供协助的人。他们的主要职责是

在规则的限定内，保证竞赛结果判决的严肃、认真、公正、准确，保证一场比赛的连续与顺利进行。每一场乒乓球比赛都应指定一名裁判员和1～2名副裁判员。裁判员应站或坐在球台的一侧，并位于球网的延长线上。副裁判员应与裁判员相对而坐于球台的另一侧，如果只有1名副裁判员，其应坐于球网的延长线上；若有2名副裁判员，他们应分别与球台的两条端线成一条直线。

裁判员的主要职责是检查比赛器材和比赛条件的可接受性；当运动员双方不能就比赛用球达成协议时，可任意对一只比赛用球进行决定；主持抽签工作，并确定发球方、接发球方以及方位，以及纠正有关方面的错误；如果运动员因自身伤残而不能遵守规则中规定的合法发球时，应当由裁判员进行裁定；按照规则中所规定的程序进行报分；在适当的时间执行轮换发球法；保证比赛的连续性；对违反规则中所规定的不合法的指导行为进行及时处理等。

副裁判员主要的工作职责是对比赛中，球在飞行状态时是否在距离其最近的比赛台面上触及边缘进行判定。

裁判员或副裁判员都有判决运动员发球动作是否合法，掌握比赛时间的职责。

（三）裁判队伍的设置、组织与工作体制

1.裁判员的设置

大型的国际乒乓球比赛一般每场比赛设2名裁判员：1名主裁判员、1名副裁判员。如果采用轮换发球法时，可委派另1名工作人员作为计数员。一般中小型和基层比赛，可只设1名裁判员即可。

2.裁判员的组织

在乒乓球比赛中一般设1名裁判长，2～4名副裁判长，下设临场裁判员和编排竞赛组。临场裁判员由裁判长直接调动并具

体安排其工作任务，编排竞赛组在裁判长的安排下负责整个比赛的秩序册、成绩公布、成绩册等技术文件编排、打印、校对等。

3. 裁判员的工作体制

裁判员的工作体制通常采用一贯制，即在短时间内，大密度、高效率的工作方法，改变了以前那种人人轮流做裁判，全天留在比赛场的方法。采用2人负责一次团体赛，这样不仅可以提高执法尺度的一致性，还能提高裁判员的素质，缩短无谓留在场地的时间。

（四）裁判员管理要求

裁判员是保证体育赛事顺利开展与实施的不可缺少的一个重要组成部分。组织和培养一批技术全面、德才兼备、高水平和高质量的裁判队伍，是裁判管理的最主要任务。为不断适应国内外体育比赛的裁判工作，确保赛事的顺利进行，促进体育事业的发展，裁判员管理工作应符合以下几点要求。

1. 建立和完善各项管理制度

至今为止，我国的体育裁判员队伍仍然是由社会各阶层组成的。因此按制度办事，建立健全各项规章制度，是管理好裁判队伍的基本要求。

（1）考核制度

裁判是竞技场上的法官，其裁决结果会影响到运动员水平的发挥与运动技术的发展。因此各级裁判组织必须严把考核关，建立考核制度。裁判不仅精通业务，熟悉规则，而且更重要的是要培养裁判秉公执法，为运动员服务的思想。为了实现这一目的，大型体育赛事组委会可要求裁判管理部门在比赛前举办有关裁判员培训班，并组织一定形式的理论和实践考核，在此基础上，挑选出一批执法水平高、业务能力强的裁判员参与到体育竞赛的裁判工作中，以确保裁判的公正执法水平。

(2)奖惩制度

建立奖励制度是裁判管理工作的一个重要环节。对在裁判工作中表现突出、业务水平高、思想端正的裁判要进行及时的奖励。一般一次大赛结束后,在对裁判工作进行总结的同时,予以表彰。对在裁判工作中出现的有意错判、漏判等现象和不正之风,应建立严格的惩罚制度。一旦发现,应当照章办事,严厉批评;情节严重的,应当降级或撤销裁判技术等级;严重者将受到刑事处罚。

2.建立裁判员档案

在裁判管理工作中,建立裁判员档案是由裁判管理部门负责的。裁判员档案的建立,是需要将裁判员的基本情况建立成数据库,并逐步实行现代化管理,对管辖范围内的各项目裁判做到心中有数。对参与比赛的执法情况及其表现都进行一一记载,作为其晋升等级、使用、评优的基本依据之一。

(五)现行裁判管理组织体制

目前,将在国际体育比赛上担任裁判工作的各单项体育组织,可确定为国际级裁判,不同的项目管理裁判有所不同,有的项目还将国际级裁判分为国际 A 级、国际 B 级、国际 C 级。各国际体育单项组织下设的技术委员会负责裁判的管理工作,其中,确定国际裁判的发展规划、管理制度的制定和裁判的培训、考核以及聘用等,是其管理工作的主要方面。

通过定期的考核办法和严格的考核制度来保证裁判的质量,是目前国际上管理裁判的主要特点。一般对裁判的管理所采用的方式是,每隔几年组织一次考核,来重新确认国际裁判的资格。对于较为严格的项目,在考核的同时,还将限制名额。例如足球项目,国际足联规定每年一次考核,对我国最多承认 7 名裁判为当年度的国际级,可以被聘参加国际比赛的裁判工作。这种管理方式,废除了裁判终身制,促使裁判不断地学习业务,吸收新的知识，以提高裁判的能力，确保裁判队伍的整体水平和质量。

（六）临场裁判的管理

为了方便管理，可以将裁判队伍划分为若干个小组，每个组要合理搭配，让各个组的裁判水平都处在同一水平。裁判小组的组长，要求思想作风正派，业务水平较高，能够团结同志，有一定组织能力的裁判员担任。在安排裁判员工作时，临场裁判员要具备以下条件。

（1）打好开局。在比赛开始时，要尽量让水平较高的裁判员上场，以提高其他裁判的自信心。

（2）避开关系。要尽量避开与比赛单位有直接或者间接关系的裁判员担任临场裁判，保证比赛结果的公正性。

（3）相对平衡。对重要场次和主要场地，按比赛的实际情况与裁判员的级别、水平，做平衡调整，以完成任务为原则。

（4）交错安排。两名裁判员不要连续担任某队的裁判任务，避免造成不必要的误会。

（5）新老搭配。在考虑主、副裁判员或第一、二裁判员等搭配时，应新老结合，以老带新。

（6）重点培养。要在实践中多培养好苗子，让其多挑重担，使其更快成长。

临场裁判员的安排不必向各部门通报，下达任务后，要给裁判员充分的准备时间。裁判员执行临场任务前，要与有关人员共同商讨协同办法，制定相应的计划方案，检查场地器材。

三、观众的管理

体育赛事本身是一种紧张激烈的对抗性活动，竞赛双方又各自代表一个地区或一个国家，容易引起各自观众的共鸣，同时，体育赛事的结果往往具有不确定性，有时瞬间就可能产生两种截然相反的结局。因此，加强对观众的组织管理与教育，不仅是保证赛事顺利进行的必要措施,同时也是充分发挥体育赛事社会功能的客观要求。对于观众的管理,需要依靠社会各方面的力量,其中包括行政、宣传、教育、公安、司法、消防等诸多部门。对体育比赛现场观众的安全管理措施主要有以下几点。

(一)坚持预防为主的安全管理原则

通过加强安全培训,使体育赛事管理和服务人员认识到安全的重要性,认识并熟悉安全管理制度,提高管理服务人员的安全意识,贯彻以预防为主的自觉性,并提高处理安全事故的能力。安全培训的内容应涉及人员安全、设施安全、治安安全以及消防安全等各个方面。强调以预防为主,还应该注意摸索规律,总结经验,并找出容易发生安全事故的地点和时间,以便及时发现事故的苗头,采取相应的防范措施,防患于未然。

(二)做好门票的销售、分发和出入口的疏导工作

在体育场馆举行体育赛事期间,人流量较大,一是占人流90%以上的观众,二是运动员和表演人员,三是工作人员(包括裁判员、管理人员、来宾、记者等)。大型体育赛事能吸引成千上万的观众到现场观看,如何对各类人员进行有效的管理与控制,是大型体育赛事组织与管理面临的重大课题。在比赛开始前和结束后,能够迅速疏散现场观众,这将反映出赛事主办单位组织管理能力水平的高低。通常的做法是在比赛开始前,组织大量人员,做好提前售票、提前入场的工作。比赛结束后,严格控制车流、人流,使其多渠道、多层次、多形式地进行有序疏导和分散。

(三)加强对现场观众的宣传教育

在大型体育比赛时,通过电视、网络或报纸等传播媒介对观众进行早期的安全知识性教育。观众观看比赛,可以通过赛场海报、通知等方式,进行比赛场馆安全通道介绍、观众进出场馆注意事项、突发性事件应对方法和急救电话使用的公告;如制作和布

置赛场示意图、标志牌(物)、指示牌等。场地示意图一般安装在赛场的入口处,标志牌、指示牌可按照其标示、指示的内容设置,安放要牢固。标明赛场的主要场地、出入口、通道、重要建筑物、服务区、公园、主要交通站点等,用不同的颜色加以区分。

(四)加强法制管理

及时制止和惩处严重违纪者,保证竞赛的顺利进行。对于影响、破坏比赛秩序的有关人员,轻则给予警告,严重者将给予经济处罚,甚至进行刑事拘留,并追究其相应的法律责任。

四、新闻工作者的组织管理

大型体育运动竞赛离不开新闻媒体记者的专业化报道,正是在新闻媒体记者的采访、报道下,才使得体育运动竞赛得到了更好地发展和传播。因此,在体育竞赛期间,应加强对各类媒体记者的管理。在大型的体育赛事中,会设立相应的新闻中心,其各项工作主要是为服务于新闻记者而开展,对媒体记者进行管理、协调和服务。

新闻中心应负责媒体记者的接待与安排,并将比赛的信息及时、有效、准确地传递给新闻媒体记者。一般可采用记者招待会、吹风会、手册资料等手段来传递各种信息。

为了对新闻记者进行更好地服务与管理,一般在新闻中心设立相应的记者工作区、记者服务区、新闻发布厅、混合采访区等,满足新闻记者的各项采访和新闻制作需求。

五、志愿者的组织与管理

志愿者是现代体育运动赛事的重要组成部分,正是在志愿者的参与下,才使得运动竞赛流畅的进行。志愿者的服务具有临时性的特点,但是正是在志愿者的努力下,促进了运动竞赛中人与人之间的沟通,传递了优秀的体育运动文化。赛事志愿者为竞赛提供了必要的人力资源保证,有效降低了竞赛的成本支出。

乒乓球竞赛的志愿者是指那些以乒乓球运动为载体,在办乒乓球竞赛过程中,自愿将时间、精力、技能、经验奉献给运动团体或组织,与组织成员通力合作,不以获取报酬为目的的特殊群体。

(一)乒乓球竞赛志愿者的分类

乒乓球竞赛志愿者主要分为两类,技术型志愿者和服务型志愿者。技术型志愿者是指只在乒乓球竞赛相关部门参与技术工作服务的志愿者。例如,乒乓球比赛技术数据统计、翻译、场馆联络员、场馆设施维护人员、临场联络员、媒体协调员等。服务型志愿者是指在乒乓球竞赛及其相关服务领域参与服务工作的志愿者。包括贵宾接待员、颁奖司仪、升旗手、场馆引导员、场馆解说员、专门为残疾人服务的志愿者等。

(二)乒乓球竞赛志愿者的组织与管理内容

乒乓球竞赛志愿者要建立工作指挥体系和进入竞赛场馆区域、岗位的运行管理体系,并对每个志愿者具体的工作任务进行逐级落实,并切实做好志愿者的考勤、评价和轮休等管理工作,并努力做到指挥有力、反应灵敏、心动迅速、信息通畅、配合默契、保障有力。各个竞赛场馆和竞赛部门都要指定专门的信息联络员,根据其自身的职责,将准确的志愿者需求信息进行及时提供,并建立起有效的人与岗位对接机制,落实调配任务。

对于竞赛志愿者的具体要求包括:志愿者经行为守则和职业道德教育培训合格后,身着统一的志愿者服装,佩戴统一会徽或工作证,方能到所得服务岗位参与志愿服务;志愿者由志愿者服务处统一管理,各使用部门、志愿者所在单位等要协助管理;比赛期间,各使用部室可根据工作需要来安排志愿者的上、下岗时间。原则上每位志愿者每天的志愿服务时间不超过 8 小时,特殊岗位可酌情考虑;服务期间,志愿者若有不符合要求或违纪违规等现象，如在公众面前表现不雅行为或粗俗语言等，使用部室应提前与志愿者服务处沟通，方可做出终止其服务的决定。

（三）乒乓球竞赛志愿者的组织与管理过程

1. 启动与组织

在乒乓球竞赛的筹备阶段中，竞赛组委会根据比赛的需要成立负责管理志愿者事务的部门，并由该部门负责志愿者工作的启动工作。一般来说早期策划主要是根据乒乓球竞赛的目标，分析和预测竞赛对志愿者的需求。同时，要通过分析竞赛的规模和重要程度，来判断竞赛对志愿者的吸引力程度，从而采用适当的招募策略。

在这一环节中，志愿者管理部门更侧重于需求预测，主要是竞赛中志愿者数量、类型预算，并通过对数量和类型的评估筹划志愿者招募工作。这里需要指明的是，全部的需求预测过程必须严格按照竞赛的组织结构、管理体制、工作岗位的设置以及整个竞赛流程的实际需要进行。只有这样，才能做到“物尽其用，人尽其才”，使志愿者工作最大限度地促进乒乓球竞赛的开展。

2. 宣传与招募

宣传是为了招募工作作铺垫。宣传的具体操作方法是利用现代媒介让更多的人了解和支持所要进行的乒乓球竞赛，扩大其在社会上的影响力和美誉度，从而吸引更多的人关注和参与到竞赛中来，达到招募志愿者的目的。在宣传中，要注意面向这个社会，发现“潜在的志愿者群体”。通过宣传，渲染一个富有激情和魅力的赛事前景，形成人人争先参与的氛围，吸引志愿者前来参加竞赛志愿活动的兴趣。

在对志愿者对象进行广泛、深入宣传的基础上，根据预先设计好的志愿者工作说明书，发表招募信息，吸引符合要求的人才参与到乒乓球竞赛的志愿者工作中来。招募具有双向选择的特性，它既是志愿者管理部门物色理想志愿者的过程，同时，也是志愿者对自己感兴趣的工作岗位的选择过程。因此，合理的宣传和引导工作非常重要。招募工作主要包括了招募方式的选择、招募信息的发布、招募对象的考核等内容。

3. 培训与教育

在成功招募到志愿者后，为了让志愿者更加深入的了解竞赛活动，要对志愿者提供必要的竞赛背景资料和竞赛信息等。特别是现代大型赛事对志愿者的专业素质要求越来越高，志愿者培训教育是必不可少的环节。

培训内容主要包括基本知识培训、专业强化培训和岗位培训。基本知识培训是培训的初级阶段，是所有赛事志愿者都要进行的培训，主要侧重于志愿者的责任意识、服务意识、奉献精神等，掌握基本的礼仪和服务技能。专业强化培训主要是服务于具体事项的志愿者，在这个阶段，通过讲座、小组讨论和自学等方法在培训基地或者其他地方展开培训，使志愿者对乒乓球竞赛的发展历程、现状及相关知识有一定的了解，避免出现该领域的服务人员对服务对象的情况一无所知。岗位培训较基本知识培训更为具体，它是根据不同岗位的志愿者工作说明量身定做的，目的是让志愿者明白自身的工作场地、业务流程和工作任务等相关内容，并掌握一些处理紧急情况的有效措施，同时是对整个志愿者团队管理的相关规定有所了解和把握，可由专业的培训机构来组织实施。

除了以上培训外，实践也是培训教育的重要环节，一般是根据不同志愿者的具体工作安排，在竞赛开始前进入场地进行实地体验，一般由各个场所的主管负责人员来组织实施。

4. 解聘与遣散

志愿者在乒乓球竞赛结束后会被解聘与遣散，这是志愿者组织管理工作中的最后一个环节。解聘和遣散过程要按照一定的方式、程序，不能随意、无序进行。

需要指出的是，一般除了如奥运会这种周期长、使用人员多的超大型赛事外，各种级别的乒乓球竞赛均不会出现志愿者人员赛后安置的问题。

第三节　乒乓球竞赛相关财物的组织

一、竞赛的财物控制与管理

在乒乓球竞赛过程中，会有相应的财务管理部门，负责竞赛的财务事务，对乒乓球竞赛的成本、支出和收益等方面进行预测、评估和管理，从中创造新的价值。现代体育运动竞赛会有大量的经济利益产生，有能力实现经济利益的最大化是考核竞赛承办单位的重要指标。在竞赛的各项活动中，都会伴随着一定的资金流动。为了使得乒乓球运动竞赛能够有条不紊地进行，需要有合理的财务管理工作。

（一）乒乓球竞赛的收入来源分析

1. 电视转播

体育赛事资源具有一定的稀缺性，在开展高水平的赛事时并不是所有的人都能够在现场观看。因此，为了满足人们该方面的需求，电视转播商承担了重要的传播作用。很多体育赛事中，电视转播权已经成为了一项重要的收入来源。

2. 门票收入

门票收入是体育竞赛的传统收入来源，在现场观看比赛能够给人以与众不同的体验。近年来，随着电视转播的盛行，门票收入在竞赛收入中所占的比重呈下降趋势，但是它始终是一项较为稳定的收入来源。

3. 竞赛冠名

体育运动竞赛的冠名权是其一项重要的无形资产，也是乒乓球竞赛的重要收入来源。

4. 广告赞助

广告赞助是指企业对乒乓球竞赛进行的赞助，可以是现金形式，也可以是产品的形式。竞赛的主办方则会以广告和赞助商命名的方式来作为回报，对其产品进行宣传和展示。

5. 特许商品

特许商品也是运动竞赛的一项重要盈利途径。特许商品包括竞赛的吉祥物、标志、图片等，还有在此基础上衍生出来的各种其他形式的商品。

（二）乒乓球竞赛的财务预算

竞赛根据自身的情况制定相应的财务计划，对预期收入和支出进行测算，对各方面的资金进行控制。一般可将财务预算分为长期和短期两种类型。对各方面的资金进行预算就是要对竞赛有关的活动提出相应的财务说明，估计可能的收入，平衡预期支出。对资金的预算应真实可信。财务预算的过程分为四个阶段。

1. 准备阶段

对竞赛的任务和目标等应该明确，设计出相应的预算方案，对收入和支出进行估算，并尽可能地提供证明文件。

2. 提交和采纳阶段

我国体育运动竞赛的申办会有一定的政府色彩，应将相应的预算方案交由上级部门进行审核，获得批准后才能进行执行阶段。

3. 执行阶段

获得批准之后的预算案进入执行阶段。在竞赛过程中的各项支出都应按照预算方案进行，并要定期向上级汇报执行的情况。

4. 审计阶段

当预算周期结束之后，为了对预算执行的情况进行全面分析和掌握，需要进行相应的信息反馈过程——对预算的执行情况进行审计。通过对财务情况进行审核，总结在这一过程中的经验，并为今后的工作提出相应的改进方案。

二、体育比赛中的场地

任何体育比赛都离不开必要的符合规定标准的场地和器材，大型的体育赛事更是如此。世界上再优秀的运动员或运动队，离开了规定的场地和器材，将无法有精彩的表演。

（一）体育赛事的场地分类

根据比赛场地的位置和性质，从体育比赛的角度对各种场地进行分类，可分为以下几种（图 4-4）。

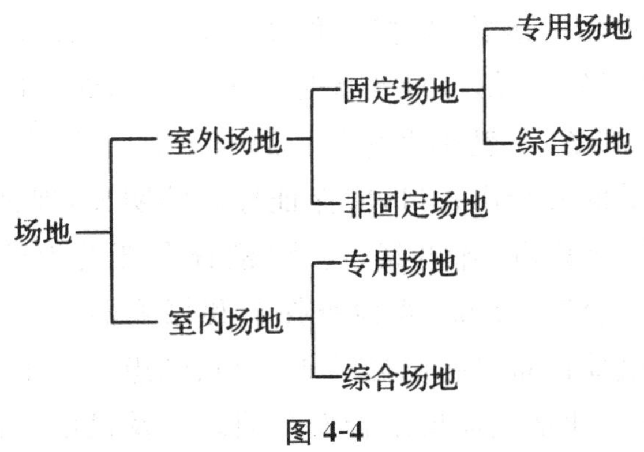

图 4-4

（二）体育比赛前的场地准备

如奥运会、洲际运动会这种大型的综合运动会，其比赛前的场地准备一般需要几年的时间，是一个庞大复杂的系统工程，这里就现成场馆赛前准备工作做简单介绍。任何一个项目的赛前场地准备，都不是指单一的比赛场地，还应该包括练习场地、准备场地以及其他场地。

1.比赛场地

每一个体育竞赛项目都是依靠自身的特点去选择场地，被选中的比赛场地，需要按该竞赛项目组委会竞赛部门提供的场地要求进行场地准备。

（1）室内项目：竞赛场地的具体尺寸，场地的空间高度，周围无障碍区的距离；场内外裁判区的位置；发奖区的位置；灯光的照度和范围，是否要音响和大屏幕显示，如果需要，应当有具体的方案等。

（2）室外项目：在同一场地进行多项次比赛的，除对场地的总体要求外，还必须有比赛的具体项目和顺序。先后在不同的场地进行不同项次的比赛，如现代五项比赛，则要提供每块场地的要求。

（3）设备准备：在比赛前一周内完成。对直接与体育比赛有关的灯光、音响、计时记分、成绩处理计算机、大屏幕显示、空调等设备进行检修和试运转，易损部件要有备件，对有应急启动的设备，也应检修运转。总之，应当保证以上设备都处于良好状态。

（4）安全准备：一般在比赛前一周内完成。清理运动员、观众以及其他人员的安全出入口，应保证标志的明显，保证通道畅通，人员分流，各行其道，各出其口。要检查全部的消防设备，对有温、烟感的自动消防系统，要检查探头和探测器的灵敏性。要对用电量大的电器设备进行细微检查，消除隐患。以上这些除自查外，重大的体育比赛还需要配合安全消防以及供电等部门做好安全检查工作。

(5)票证准备:根据体育比赛规模的大小,对各类人员的证件的要求也不同。重大的国际比赛,则有专门的制证机构。一般性的国内比赛,则由主办单位提供证件,但比赛场地应向主办单位提供各种证件使用的区域图。

(6)礼仪准备:重大的国际比赛,比赛场地需要配合礼仪部门,准备和正确悬挂各参赛国的国旗,并准备主席台和贵宾区席位;合理安排发奖的场次,还需要做好升旗架的准备。

(7)其他准备:作为比赛场地,除上述准备工作外,还需要做好宣传、卫生、环境美化以及小卖服务等诸多方面的准备工作。

2.练习场地

练习场地主要是为参赛运动员在比赛前适应赛场当地的气候、环境和场地、恢复体力、调整时差、熟练技战术而准备的。其中,参赛人数和安排赛前训练时间长短决定比赛场地的规模。练习场地离比赛场地越近越好,同样要做好安全、设备等方面的常规准备。除此之外,需要注意以下几点:一是练习场地应该是和比赛场地一样的标准场地,在条件不允许的情况下,要尽可能接近标准场地,还要满足一些项目的特殊要求,如奥运会乒乓球赛事的组织,要求练习场地的地板和比赛场地的地板颜色一样。二是在同一个场馆内需要具备两块场地,同时安排两个队训练,两块场地之间要有屏障,以减少互相之间的影响。如果在同一场地上安排多块小场地,以供个人项目训练,每块小场地之间也需要隔离开。三是在练习场地要准备足够的更衣室,最好有淋浴。按体重分等级的项目,还应备有称量体重室和桑拿浴室等。

3.准备场地

所谓准备场地,是指运动员在上场比赛之前进行热身活动和准备出场的区域,包括热身场地和检录场地两个部分。比赛场馆内还应当有热身场地,需要设置在距比赛场地最近的地方。大型国际比赛要求热身场地是一块标准场地，在场内或附近有足够数量的休息室。

一般来讲，热身场地和比赛场地之间是由检录场地连接的。一些需要按事先排定比赛时间的项目，如田径、游泳、射击等，检录处（赛前控制中心）可根据赛场的实际情况进行灵活的设置，但不能离比赛场地和热身场地太远，而且要有明显标志和指示牌。

4. 其他场地

一场大型的体育比赛，除必须具备上述三种场地外，还应当准备以下几种辅助性场地：

（1）裁判工作场地。除比赛场地按规则设置检录区和裁判工作区外，还应在适当地方设有裁判工作室、会议室、控制室以及休息室等。

（2）记者工作场地（即新闻中心）。这是现代体育竞赛活动中必不可少的准备工作。大型国际比赛对这一场地都非常重视，而且要求很高。新闻中心内应设有记者工作间和电讯服务室，大型国际比赛要求记者工作间内为记者提供现代办公和通讯设备，要有提供饮料和食物的场所。

（3）贵宾场地。在现代体育场馆的建筑设计中，贵宾场地已作为一个单独的活动区域进行设计。从入口到通道都与运动员、一般观众以及赛事工作人员区分开来而成为一个封闭的区域，场地内有多间贵宾休息室和卫生设施，由专用通道直达主席台。

（4）发奖场地。在大型国际比赛中，发奖是一项规范而严肃的工作，因此，对发奖场地要有充分准备。除在比赛场地准备领奖台和红地毯外，还应有一间有安全保护设备的奖牌、鲜花保管室，两间供发奖人员使用的更衣室。

三、体育赛事的器材管理

一场大型体育赛事能够成功举办，除了要求必须具备高水平的比赛场地外，还需要具备高质量的体育器材。在现代大型的体育赛事中，已经大量使用高科技的产品。体育竞赛中使用的器材种类多，产品的牌号也多，在筹办一次体育赛事时，一定要按要求做好选择和准备工作。无论体育赛事规模的大小，在体育竞赛组委会中都应设有专门的机构负责场地器材的准备和管理工作。一般情况下，该机构是由提供比赛场地的有关人员组成，其机构可根据体育比赛的情况设置场地组、器材组、裁判辅助组、保障组和服务组等。

(一)各组管理工作的主要任务

(1)场地组:体育比赛前负责按比赛规则准备各类场地和大型器材。如田径的各种障碍栏架、各种球架、球网、跳高架、海绵垫、体操器械和拳击台等。比赛中负责对场地和大型器材的保养、检查以及进行及时维修等工作。

(2)器材组:体育比赛前负责全部器材的准备、购置和保管等工作。体育比赛中负责小型器材的分发和回收，以及备用器材的保管。

(3)裁判辅助组:按照裁判的要求，负责保养、操作、维修大型裁判器材。如音响、电子计时记分器、成绩处理计算机、电子显示屏等器材。

(4)保障组:负责保障比赛各种使用场地的用电、用水，保障比赛场地的照明和空调，还要保证升旗装置的可靠性等工作。

(5)服务组:负责准备主席台、运动员休息室、贵宾休息室、裁判和记者休息室，并在比赛过程中对以上区域的人员提供优质的服务等工作。

(二)乒乓球竞赛器材管理的原则、方法与要求

1.乒乓球竞赛器材管理的原则

(1)目的性原则

乒乓球器材管理的明确目的就是为乒乓球竞赛提供优质服

务，方便竞赛的前提下，做到高效、低耗、及时地供应器材，并通过间接管理以提高乒乓球器材的使用效益。

(2)系统性原则

乒乓球器材管理是由器材的计划、采购、提运、仓储、使用、信息服务以及组织协调等多个环节组成，并不是单纯的运输或使用过程，必须由具有相对独立职能的部门或岗位负责组织实施。

(3)整体性原则

由于乒乓球器材管理包含众多内容和环节，这就要求整个管理过程中的不同构成要素在发挥自身作用时，还要服从系统整体的目的和要求，要有利于系统整体功能的发挥，并在其整体功能的基础上展开各要素及其相互之间的活动。各组成要素要具有整体观念，具有服从、服务于全局的意识。

(4)科学性原则

随着现代科学技术的提高，乒乓球器材的质量、工艺都有了很大的提高，器材的管理也必须要与时俱进，不断完善才能满足现代高水平乒乓球竞赛发展需要。

2. 乒乓球竞赛器材管理的方法

乒乓球器材管理的方法是整个乒乓球器材管理的中心环节。目的是为了更科学、经济的发挥乒乓球器材效益。

(1)依据制度管理

有关器材的管理制度、政策、规定是器材管理的基本依据。在采购乒乓球器材设备时，就要充分了解竞赛制度及相关物资管理的方针政策，特别是里面关于物资分配的方针和原则。

(2)因地制宜

在器材设备的使用和管理上，必须对赛事进行充分的了解，并以此为依据制订计划。要掌握的具体情况主要有三个方面：第一，竞赛对乒乓球器材的需求情况；第二，竞赛承办方及本地区与相关单位已有的器材和提供协作的可能性；第三，竞赛在乒乓球器材方面的财物预算情况。

(3)制订计划

编制乒乓球器材计划是一项十分具体的工作。编制计划需要考虑的主要有乒乓球器材、装备的种类和数量等。这里面需要同时明确器材的型号、规格、技术参数、参考单价和生产厂家等。这是编制乒乓球器材明细计划的主要依据。目前,中国乒乓球协会已经出台了《中国乒协竞赛器材授权中国乒协竞赛器材授权认证管理办法》和《中国乒乓球协会器材委员会管理条例》作为管理的主要依据。

(4)协调竞赛任务、器材、经费、人力之间的平衡

在器材管理的实际操作过程中,对竞赛任务、器材、经费和人力的平衡掌握非常重要。因为,只有把竞赛任务、可供支配的财力和人力有机地结合在一起,才能确保乒乓球器材购置、使用的顺畅。一旦这些因素之间出现不平衡,就有可能会出现较大的差额和缺口,缺乏相关人员配置的现象。这样一来,不但不能完成预定的任务,而且还将影响乒乓球竞赛的顺利进行,甚至会因此而终止竞赛活动等。

3. 乒乓球竞赛器材管理的要求

(1)规范要求

乒乓球竞赛的器材必须要符合乒乓球运动竞赛的规则以及国家制定的相关标准。满足有关体育场馆所应具备的各项条件,在此基础上设计和提供与竞赛等级相一致的器材配置、场地规格、场地数量、照明设置、看台数量、消防设施、卫生设施等具体的场地条件。其中,对于乒乓球竞赛器材品质和种类的选择要严格按照国际乒联和所在国家主管部门的规定进行,并提供包含器材、场地、灯光、温度、湿度和风速等在内的、更为具体的场馆服务标准。对于乒乓球竞赛器材规格的要求与竞赛级别的高低有直接关系,竞赛的级别越高,上述器材的布置要求就越高,所参照的标准也相应更加规范。

(2)安全第一

在大型的乒乓球比赛举行过程中,都具有风险性,场馆和器材的安全问题是一个重要的方面。在乒乓球竞赛中,要时刻保持“安全第一”的警惕意识。要严格检测器材是否符合相关规范,对整个场地的布置进行细致检查,不能存在任何可能的安全隐患问题。另外在竞赛开始前,对竞赛场地和设施进行安全评估,建立安全监督机制,设置紧急情况处理预案。尤其是对一些常见的问题一定要做到未雨绸缪,尽可能降低发生几率,如观众出入场的拥堵问题、消防安全问题、突发暴力事件和观众席安全问题等,加大对安全事故薄弱环节的治理和防范。

(3)特色设计

在符合规范的前提下,器材的布置除了满足乒乓球竞赛最基本的需要外,还应该具有特色设计,以体现乒乓球项目竞赛举办的风格特色,充分发挥体育竞赛作为文化传播的独特魅力和作用,吸引更多的观众参与到赛事的欣赏中来。尤其是针对一些高级别的赛事,不但要保证器材和场地的高品质,更要通过赛事的举办,来打造品牌赛事,形成赛事、场地特色、运动项目三者的有机结合,甚至凭借独具特色的赛事场地布置成为城市的体育名片。如每届世界乒乓球锦标赛都会根据举办地的不同,凸显不同的风格特色。

(4)合理便捷的配置

器材作为一种硬件支持,场地布置要直观和形象,但这并不是意味着场地和设施越大、越高档就越好。就乒乓球竞赛的特点来看,竞赛场地并非越大越好,主要原因有两个方面:一方面,过大的场馆会使一部分观众无法清晰地观赏比赛;另一方面,如果布置球台的场地过大,会使运动员在捡球过程中消耗过多的体能而影响比赛效果。所以,即便是适当放大比赛场地,也只需在挡板外再放置一层挡板,以便于运动员拣球。

(三)比赛期间器材管理的主要流程

1.准备阶段

在接受任务以后,场馆和场地器材处联合召开各组的负责人会议,详细说明此次比赛的规模、规格、要求以及准备工作完成的时间等,各组便可开始制定准备工作计划。

各组在制定详细计划的同时,对各自工作范围内已有的场地器材做好全面的检查清理工作,提出场地的维修方案和预算,提出需要购置和维修器材的名称、规格、数量以及预算等。由场地器材处汇总报组委会,待批准后,各组按计划开始准备工作,凡是需要购置的器材,统一由器材组置办和保管,各组要办手续后领用。一般要求准备工作完成的时间,以参赛运动员开始报到为限。在准备工作期间,场馆负责人和场地器材处,要随时掌握工作的进度,及时调整人力、物力,以确保工作能够按期完成。

2.比赛阶段

在体育赛事正式开始的前一天,场馆和场地器材处要联合召开全体人员会议,在再动员的基础上,要特别强调以下几点。

(1)全体人员必须在开赛前1小时上岗以及启动设备。

(2)确定各组负责人的具体位置和联络方式。

(3)明确场地场馆负责人和器材处在主场地的具体位置和联络方式。

(4)在比赛期间,任何人都不准离岗和做与比赛无关的事情。无关人员不准进入音响控制、灯光控制、配电和空调操作等重要场所。

(5)明确器材组备用器材保管人和他在主场地的具体位置和联络方式。

(6)在正式比赛开始前半小时,各组负责人对自己工作范围内各岗位的准备工作再次进行检查,并以最简明的语言向部门或场馆负责人报告。开赛前15分钟，各部门或场馆负责人向组委会进行报告，以便决定比赛开始的时间。

(7)明确出现意外事故的应急处置方案。

(8)在比赛进行期间，各相关部门或场馆负责人，要通过电话或其他方式与各组保持经常的联系，检查各岗位工作情况和设备运转状况，如果出现各岗位按预定应急方案解决不了的情况，需要部门或场馆负责人到现场采取其他紧急措施，部门或场馆负责人必须指定代理人，代理人应该知道部门或场馆负责人的去向和联络办法，并立即报告组委会负责人。

(9)在当天的比赛结束之后，各岗位人员必须对场地、器材和设备进行全面的检查和必要的保养、清理，并将情况向部门或场馆负责人报告，待负责人确定不存在影响第二天比赛的因素，留下值班人员后，各岗位人员才能离岗。当发现场地、器材和设备存在问题时，应毫不犹豫地组织力量抢修和更换，以确保第二天比赛的如期进行。

3.结束阶段

当体育比赛全部结束之后，除对工作进行总结外，还需要各组认真清理物资，器材组收回器材，登记清单，进库保管。场地组复原日常场地，其他组要对设备进行维修保养，以便迎接下一次的体育赛事。

第五章　乒乓球运动的体能训练维度研究

乒乓球运动是一项对运动者的体能素质要求较高的小球类运动项目，需要运动者具备全面的身体素质。本章主要对乒乓球运动的体能训练进行重点分析，主要包括乒乓球的力量素质训练、速度素质训练、耐力素质训练、灵敏素质训练以及柔韧素质训练。通过对这些内容的研究，旨在为乒乓球运动员及爱好者欲求提高自身素质和运动水平提供指导。

第一节　乒乓球力量素质训练方法

一、力量素质概述

力量素质是指人的机体或机体某一部分的肌肉工作（收缩和舒张）时克服内外阻力的能力。力量素质是最基本的身体素质，它是掌握运动技能、技巧以及提高运动成绩的最重要的基础。

力量素质主要分为最大力量、速度力量与力量耐力三种类型。具体如下。

(1)最大力量。最大力量是指肌肉在随意一次性最大程度收缩中，神经肌肉系统所能够产生的最大的力。运动员的最大力量并不是一成不变的，而是常常处于动态变化之中。

(2)速度力量。速度力量是指神经肌肉系统以尽快地速度发挥最大力量的能力，即运动员在最短的时间内发挥最大力量的能力。在乒乓球运动中，速度力量对运动员的击球发挥着重要作用。

(3)力量耐力。力量耐力是指运动员机体耐受疲劳的能力，其以持续表现力的较高能力为主要特征。

二、乒乓球力量素质的特点

乒乓球运动属于技能主导类球类项目，具有球小，球的速度快，球的旋转性强、变化多等运动特点。在乒乓球运动实践中，技术动作主要靠运动者脚步移动和手臂挥动配合完成。一般来说，一次成功的进攻，与上肢、肩部以及腰腹部肌肉爆发力密切相关，因此，乒乓球运动中，运动员的力量素质的特点主要表现为快速力量(爆发力)即单位时间肌肉所能达到的最大力量。最大力量往往表现为可能克服和排除的外阻力的大小。最大力量并不是一成不变的，而是常常处于动态变化之中，这就要求运动员不断发掘自身能力的极限，充分发挥自己的最大力量，以保证力量训练的效果。

此外，乒乓球运动员还必须具备较强的爆发力，这是由乒乓球运动中运动员需要以中等负荷(极限负重的40%～60%)的快速击球来决定的。爆发力是利用肌肉弹性能的一种力量，即在爆发力之前的一瞬间有一个极短暂的肌肉预拉长瞬间产生弹性能(约为原肌肉长度的5%)，迅速向相反方向用力收缩的动作过程。良好的爆发力能保证乒乓球运动员在比赛过程中快速有力地击球。

三、乒乓球力量素质训练的要求

乒乓球运动力量素质训练并不是盲目的，需要按照一定的要求进行，具体内容如下。

(一)确定阻力大小

(1)在进行乒乓球运动力量素质训练前，要明确负重的标准、重复次数与占极限用力重量百分比的换算关系，具体如表5-1

所示。

表 5-1 负重标准、重复次数与占极限用力重量百分比换算关系

标准	一次练习重复的次数	占极限用力重量的百分比
极限重量	1 次	95%以上
次极限重量	2～3 次	85%～95%
大重量	4～7 次	60%～85%
中等大重量	8～12 次	40%～60%
中等重量	13～18 次	30%～40%
小重量	19～25 次	30%以上
很小重量	25 次以上	

(2)进行乒乓球运动力量素质训练时，要了解不同的重复次数和占极限用力重量的百分比所起的主要作用，如表 5-2 所示。

表 5-2 不同的重复次数和占极限用力重量的百分比所起的作用

一次训练可重复的次数	1～3 次	4～8 次	9～12 次	13 次以上
占极限用力重量的百分比	85%以上	60%～85%	40%～60%	40%以下
主要作用	发展肌肉内协调能力或绝对力量	促使肌肉功能性肥大	速度性力量	发展小负荷时的力量耐力

(3)注意应在运动员极限重量的 35%～40%以上，而在低于20%时对发展力量则完全无效。经常在 20%以下，不但不能提高力量，反而使力量下降。

(4)在进行爆发力素质训练时，要十分注意训练的负荷强度。其基本要求为：负荷重量大、强度高、重复次数就少；负荷重量小、强度小、重复次数就多。每次练习的组数不宜过多，应以不减少

每组重复次数，不降低每次训练速度为基本原则。

(5)力量训练的效果在最初阶段几乎不取决于阻力的大小，只要阻力超过运动员极限重量的35%～40%，力量就会得到有效的提高，因此，在最初训练时，不要过分追求训练的强度。

(6)采用极限和次极限负重能提高绝对力量。但是需要注意的是，这种训练并不是在任何时间、地点及条件下都是绝对有效的，要根据具体实际而定。

(7)采用大重量的负荷，可促使营养过程活动加剧，增大肌肉生理横截面积，使力量增长。但采用大重量负荷时，必须重复到极限次数。

(二)选择适宜频率

乒乓球运动力量素质训练，频率过快，容易产生兴奋性扩散；频率过低，则兴奋性又不够。因此要选择适宜的频率进行训练。

(三)合理安排时间

(1)在训练时要注意身体的疲劳，在大重量练习前，可适当安排几次轻重量的练习，这样不仅可以有效降低身体疲劳的程度，同时还能防止运动损伤的发生。

(2)采用最大负重练习时，为增加本次训练课的总负荷量，可采用两次重复法(将最大负荷的练习分别安排在基本部分的开始和结束时)和重量波浪式交替法(在完成若干次主要重量练习后，开始出现疲劳时，就减轻10～15千克重量，做1～2组练习后，再采用主要重量的练习)。

(3)在进行不同重量练习之后，还要注意间歇时间的调整，一般来说，极限用力后，需休息10～15分钟；采用极限重量的50%负荷时，重复练习的间歇应为2～3.5分钟以上。在进行同等重量的多次练习时，可将多次练习分组进行，适当延长组间休息时间。

(四)注意调节呼吸

在进行力量训练时，要注意呼吸节奏的把握和调整，需要注意以下几点。

(1)当训练时,要注意憋气的运用。当最大用力的时间很短,但有条件不憋气时,就不要憋气。在重复做不是很大力量的练习时,应尽量不憋气。

(2)在进行最大用力训练时,慢呼气是一种很好的方法,它几乎可完成与憋气相类似的力量指标。

(3)运动员初次进行训练时,要注意呼吸方法的训练,学会练习过程中完成呼吸。每周 3 次比每周 1～2 次或每周 5 次的效果好。对有一定基础的运动员,训练的次数可多些。

(4)完成力量训练前,不宜做深吸气。因为力量训练的时间都较短,吸的气并不会在练习中发生作用,相反,却增加了胸廓内的压力,如再憋气易产生不良反应。

四、乒乓球力量素质的训练

(一)一般力量素质训练

1. 上肢力量素质训练

(1)徒手做规定练习次数和练习时间的挥拍动作。

(2)持轻重量(1～2 千克)快速屈伸前臂,练习 2～3 组,每组 15～20 次。

(3)持轻哑铃做变速模仿拉弧圈球练习(图 5-1),每次练习用时 3～1 秒。

图 5-1

(4)持轻哑铃做变速模仿削球练习(图 5-2),每次练习用时2～1 秒。

图 5-2

(5)持轻哑铃连续做模仿击球动作练习(图 5-3)。

图 5-3

(6)反握持哑铃弯举,同时做内旋动作(图 5-4)。

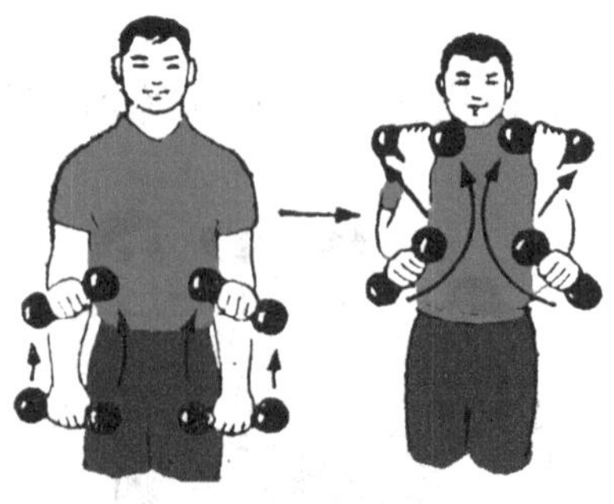

图 5-4

(7)持轻哑铃做变速模仿正手扣杀练习(图 5-5),用时 3～1 秒。

图 5-5

(8)持铁制球拍(约 0.5 千克)的各种挥拍动作练习。

(9)用持拍手进行乒乓球掷远和扣球击远练习。

(10)持拍推球练习,包括快推和加力推两种练习方法。

2.下肢力量素质训练

(1)杠铃负重半蹲练习:可做静力训练,用时 10～30 秒;做下蹲的慢速动力训练,用时 6 秒—6 秒—6 秒;做蹲起的慢速动力训练,用时 6 秒—6 秒—6 秒;做半蹲侧滑步行进等。

(2)杠铃负重练习:可做侧跨步行进练习、左右跨跳练习、快速箭步上挺练习、提踵练习、双脚前后跳或左右跳练习、向侧做交叉步行进练习等。

(3)负轻重量做较快速体前屈练习。要求反复进行多次练习。

(4)直腿跳练习:肩负轻杠铃,膝伸直,利用踝关节屈伸的力量向上连续跳起。要求反复进行多次练习。

(5)蛙跳练习:身穿沙背心,带沙绑腿,全蹲。两脚蹬地,腿蹬直向前上方跳起,腾空后挺胸收腹,快速屈腿前摆,双脚掌落地后不停顿地连续做,6～10 次为一组。要求反复进行多次练习。

(6)跳台阶练习:面向台阶,屈腿摆臂,用力蹬地收腹跳上 3～4 级台阶。要求反复进行多次练习。

(7)脚绑沙袋做 2/3 台正手连续拉或扣练习。要求反复进行多次练习。

3.其他力量素质训练

(1)后抛实心球:此方法主要训练腰部、肩部以及大小腿和髋关节的力量。练习时,两脚开立,与肩同宽并且双手持球于身体前方。弯曲成深蹲姿势并且通过爆发式的挺髋与大腿发力,将球从头后上方抛出。注意在每一次试投中,尽自己最大努力程度抛球,同时应利用屈髋与屈腿完成动作。

(2)立定跳远:此练习主要训练学生的小腿、大腿、髋关节与肩部的力量。练习时,双脚开立,与肩同宽,在肩部伸展方向上,大幅度的摆臂,屈膝并且爆发式的向前尽可能远的跳出。

(3)跳栏架:此练习主要训练小腿、大腿、髋关节与肩部的力量。练习时,在空地上放置3~5个栏架或障碍,其间距约90厘米。站于第一栏前,两脚分开,与肩同宽成准备姿势,然后,双脚连续向前跳越栏架,运动起于髋与膝,身体保持正直,膝关节不能分开并且脚也不能外撇,并采用双臂摆动来保持身体平衡与获得高度。

(4)换脚跳:此练习主要训练小腿、大腿、髋关节与肩部的力量。练习开始于行进间的起动,每一次跨越的距离从30~100米逐渐递增,在实际起跳线2~4米处画出起跳标志。学生踏上起跳点并且保持大步幅,旨在提高地面的反作用力。可采用单臂或双臂进行换脚跳。

(二)专项力量素质训练

训练实践表明,不同的乒乓球动作技术对运动员力量素质的要求不同。乒乓球专项力量应与乒乓球专项运动能力训练科学相结合,与专项技术的用力方式融合在一起,这是发展运动员专项力量素质的有效途径。

在乒乓球运动中,提高运动员专项力量素质的训练方法主要有以下几种。

(1)各种徒手(规定练习次数和时间)的挥拍动作练习。

(2)持铁制球拍(约为 0.5 千克)的各种挥拍动作练习。

(3)用持拍手进行乒乓球掷远练习。

(4)进行扣球击远练习。

(5)持拍推球(快推和加力推)练习。

五、乒乓球力量素质训练的注意事项

(1)在进行力量素质训练时,要注意肌肉张力的变化。力量的增加会使得肌肉张力增加,这是训练实施后积极效果的表现。乒乓球运动员注意到力量增加后,往往能提高训练的积极性,也能通过一定的感觉调整和完善训练计划,进而更加有效地提高力量素质训练的效果和质量。

(2)训练强度应在本人极限重量的 35%～40%以上,低于20%的强度训练是无效的。

(3)要注意训练安全,训练中要保证练习动作和身体姿势正确,这样可以有效避免运动损伤。进行训练时,应尽量避免采用身体猛烈振动和扭转的练习。

第二节　乒乓球速度素质训练方法

一、速度素质概述

速度是指人的身体(人体的某个部位)进行快速运动或改变原运动状态的能力。速度素质是人的体能素质中最基本的一项。在乒乓球运动中,乒乓球小、球速快、动作快、移动快、变化快,运动员只有具备较高的速度素质,才能在瞬间万变的比赛中争取积极主动,抢先上手。因此,良好的速度素质是乒乓球运动员快速发球、接发球的基础,是乒乓球运动员取得优秀成绩的关键因素。

速度素质主要有以下三种表现形式。

(1)动作速度。动作速度是指个体完成动作快慢的能力，如乒乓球运动员的挥拍击球速度。运动员的动作速度受运动器官指挥能力影响较大，同时还与速度耐力水平及动作熟练程度有关。

(2)位移速度。位移速度是个体在单位时间内快速移动的能力，位移速度的快慢也与人体神经过程的灵活性有着密切的联系，受遗传因素影响大，但可以依靠后天训练和培养得到提高。

(3)反应速度。反应速度是指人体对外界各种刺激信号的应答能力。乒乓球运动员通常在0.15秒内根据对方的击球动作和击球声音准确地判断来球的落点和旋转性能，同时做出相应的技术回击，这就是乒乓球运动反应速度的表现。

二、乒乓球速度素质的特点

在乒乓球运动中，运动员的速度素质与力量素质是结合在一起发挥作用的。因此，进行乒乓球速度素质训练时，要求运动员应将速度训练与力量训练结合起来进行，并依据专项特征和运动员自身的运动特点，逐步加大与专项技术动作结构一致性，这是乒乓球速度素质训练的主要特点。

三、乒乓球速度素质训练的要求

(1)各项身体素质训练相结合时应注意，最大速度与爆发力量和速度力量相结合；速度耐力与速度力量相结合；改进技术训练与最大力量和爆发力量相结合；提高专项运动能力与专项力量和速度力量相结合。

(2)一般来说，乒乓球运动的速度素质训练要在训练课的前半部分进行，身体疲劳状态下不宜安排速度素质训练。

(3)练习乒乓球某一技术动作时可试着采用最高速度进行。

(4)乒乓球速度素质训练，所持续的练习时间应在 20～30 秒，要控制好练习的次数和时间，以免发生运动疲劳，对速度素质的提高不利。

(5)在进行乒乓球专项身体训练时，练习的动作结构应与乒乓球专项技术动作相似。

(6)乒乓球速度素质训练应与灵敏素质训练相结合，以便达到较好的训练效果。

(7)在进行乒乓球运动速度素质训练期间，要合理地安排间歇时间和休息方式，以促进机体更好地恢复，便于进行下一次的训练。

四、乒乓球速度素质的训练

(一)一般速度素质训练

1. 反应速度训练

(1)行进中听信号后，突然做准备姿势，然后迅速做交叉步、侧身步等。

(2)移动步法练习，快速接右半台近网小球，然后迅速转换成左推右攻动作练习，计 30 秒。

(3)在单线对攻中，突然有一方变线。

(4)根据教师或教练员的口令做相应动作：如“上旋”——做扣杀或推挡动作；“下旋”——做拉球或搓球动作；“弧圈”——做正手快带或反手推挤动作。

(5)根据教师或教练员的信号，做重心不停顿地交换练习，如迅速起动并做跨步、侧身步、交叉步等。

(6)根据教师或教练员的信号做急跑、急停练习(图 5-6)。

(7)做背向蹲立的变向起跑练习，听信号后迅速转体成蹲踞式起跑，接冲刺跑 20～30 米。

图 5-6

2.移动速度训练

(1)并步或跳步左右移动的手法、步法练习 30 秒～1 分钟(在球台两边线之间)。

(2)并步或交叉步移动摸球台两角练习 30 秒～1 分钟(在球台两端线之间)。

(3)以乒乓球台宽度为界做左右移动的步法练习,30 秒～1 分钟为一组(图 5-7)。

图 5-7

(4)以 1/2 乒乓球台宽度为界做左右跨跳练习,30 秒～1 分钟为一组(图 5-8)。

图 5-8

(5)以乒乓球台边线距离为准,在 30 秒内尽最快速度完成滑步、跨步、交叉步练习。每次 3～4 组。

(6)交叉步移动(以球台长度为界),30 秒～1 分钟为一组(图 5-9)。

图 5-9

(7)沿乒乓球台变向跑一周,跑进中始终保持面向一个方向,采取向前跑→侧向跑→后退跑→侧向跑的练习形式(图 5-10)。

(8)做换球台端线两角的左右侧前、侧后移动练习,30 秒～1 分钟为一组(图 5-11)。

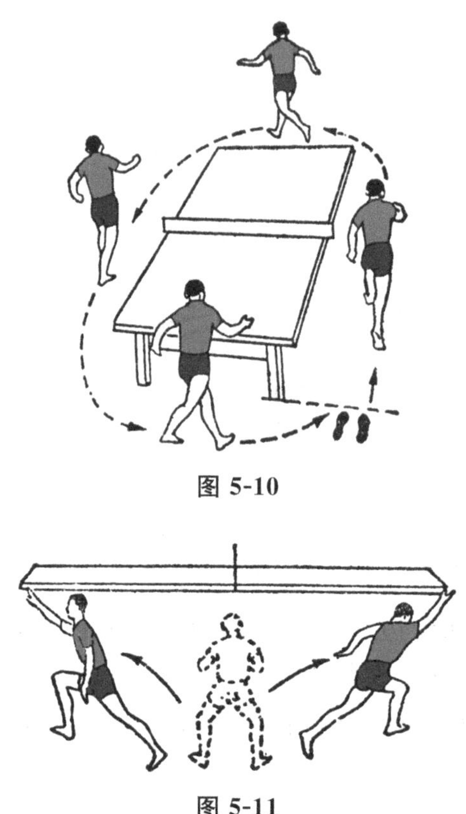

图 5-10

图 5-11

(9)沿乒乓球台侧滑步做接力赛游戏练习(图 5-12)。

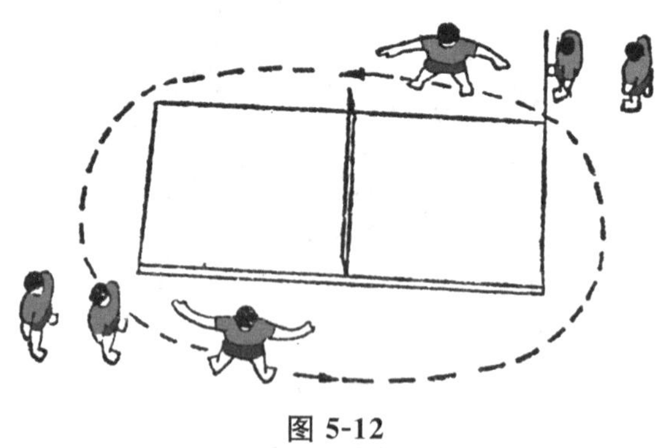

图 5-12

(10)做滑步、交叉步捡球练习:在 3 个筐内各放置 20 个乒乓球,球筐之间间隔 1.5 米,分别放在三个不同方向,要求练习者滑步、交叉步结合运用,将球从甲筐捡到乙筐,重复练习两次。

3. 动作速度训练

(1)加速跑 20～30 米＋后蹬跑 10～15 步，要求每次做 3～4 组。反复进行训练。

(2)放松大步跑 20～30 米＋后蹬跑 10～15 步，要求每次做 3～4 组。反复进行训练。

(3)变换各种形式和方向的快速跑或其他动作的练习。如立卧撑，十字变向跑，各种躲闪、急停、迅速转体等。要求反复进行多次练习。

(4)采用领跑、助跑和音响、灯光等信号发出速度感觉指令，以提高动作速度的练习。

(5)利用器械重量变化后的后效作用进行动作速度练习。如先负沙袋做步法练习，再取掉沙袋做步法练习；先用铁拍做挥拍练习，再用正规球拍做挥拍练习。

(6)在规定时间内(如 20～30 秒内)用最快的速度或频率完成用手快速摸乒乓球台两角的练习。

(7)在规定时间内(如 30 秒或 1 分钟)做背靠乒乓球台转腰双手摸左右台角的练习，要求动作转换快、腰部转体快。

(8)各种利于发展动作速度的游戏。例如，用双手抱住前面一人的腰部排成单行，形成“蛇”。游戏开始后，蛇头努力去抓蛇尾的人，前半部学生努力帮助蛇头尽可能抓住蛇尾，后半部队员努力帮助蛇尾不让被蛇头捉到。

(二)专项速度素质训练

乒乓球的专项速度属于非周期性的单个动作速度，重点在于乒乓球运动员在击球过程中的挥臂速度和选择最佳击球位置而移动身体重心的速度。结合这一特点，可采取以下方法发展乒乓球运动的专项速度素质。

1. 专项反应速度训练

(1)两人一组，观察对手做出的乒乓球的击球动作后，然后对此做出反应和动作(图 5-13)。

图 5-13

(2)两人一组,用多球做接发球练习。根据对方发球动作,迅速判断旋转性质和落点,然后做出反应和动作。

(3)两人一组,用多球在同一方位交替发球,另一人在对面球台练习接发球(图 5-14)。

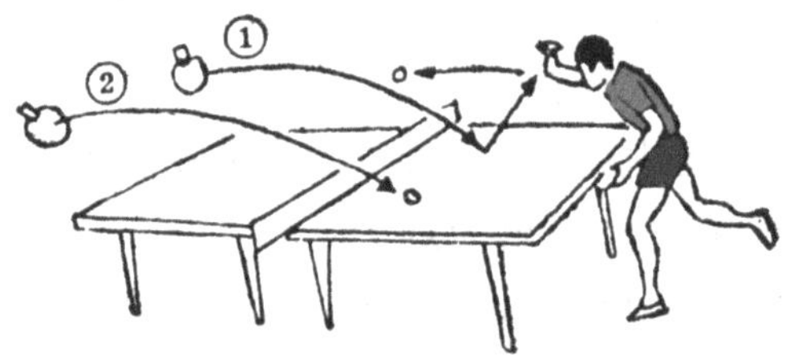

图 5-14

(4)两人一组,同伴加快供出各种不定点和不同旋转节奏性质的球,要求练习者在回击时迅速提高判断反应速度、步法的移动速度和击球的挥拍速度。

(5)两人一组,对墙距 1.5 米左右站立,同伴在背后用多球对墙供球,练习者连续还击从墙上反弹回来的球(图 5-15)。

图 5-15

(6)目视教师或教练员的向上击球,按旋转球落台反弹的方向,原地转一周后,沿球台跑一圈。

2. 专项移动速度训练

(1)进行推挡、侧身、扑右(左)角的步法练习,30 秒～1 分钟为一组。

(2)进行推、侧、扑步法练习,30 秒～1 分钟为一组(图 5-16)。

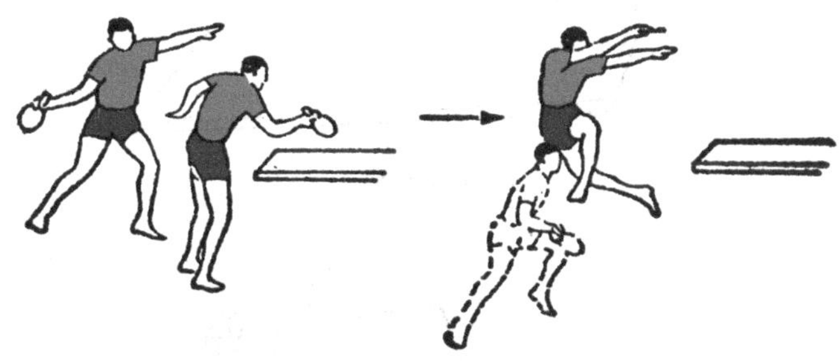

图 5-16

(3)进行长短球的步法练习,30 秒～1 分钟为一组(图 5-17)。

图 5-17

(4)快速移动挥臂击球练习:把 2 个乒乓球悬吊(高度因人而异)在距离 1 米处,练习者连续挥臂用球拍击碰撞反弹回来的球,要求击球移动速度越快越好。练习 3～4 组,每组 30～40 次。

(5)做基本球路结合步法的练习(两点打一点、不同落点打一点等)(图 5-18)。

(6)做多球练习,以提高步法移动速度(图 5-19)。

(7)多球进行 2/3 台拉扣结合的练习:发球者用超出正规比赛击球的球速,侧身拉球后在练习者整体动作还原之前,迅速发出右半台的上旋球,练习者用扣杀动作完成,计 30 秒,练习 3～5

组,每组 20 次。

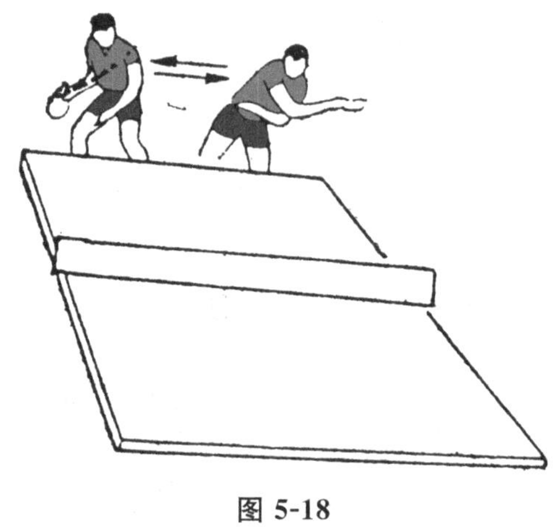

图 5-18

图 5-19

3. 专项动作速度训练

(1)做单一技术或者组合技术的徒手挥拍练习,要求动作规范,0 秒~1 分钟为一组。

(2)进行推挡、侧身、扑右(左)角的手法和步法练习,30 秒~1 分钟为一组。

(3)两人一组,通过加快多球练习的供球速度,提高练习者徒手击球的摆速和击球速率。

(4)持乒乓球拍快速徒手动作练习:计 30 秒正手攻、拉、扣等动作练习。一般采取以慢—快—最快—快—慢的动作速度节奏进行练习。

(5)做30秒～1分钟的2/3台或者1/2台正手单面攻或拉球练习：要求练习者快速挥臂，做到移动快、还原快。

五、乒乓球速度素质训练的注意事项

(1)乒乓球速度素质训练应从训练者的实际能力出发，重视运动员的真实训练水平和身体状态。

(2)训练过程中，一定要注意采用正确的技术动作，如果出现不规范的动作，要及时纠正。

(3)速度素质训练与专项技术相结合，一般来讲，速度练习只是对诱发练习动作本身的速度能力有提高帮助作用。因此，速度练习具有较高的专门性，需要结合乒乓球专项技术动作要求进行。

(4)重视速度能力与其他能力的协同发展。速度与耐力、力量和灵活性等紧密相关，还与乒乓球运动复杂的动作技术训练有关。因此，在乒乓球速度素质训练中，应重视上述几个因素的协同发展。

第三节　乒乓球耐力素质训练方法

一、耐力素质概述

耐力素质是指个体克服工作过程中所产生疲劳的能力。它是个体的健康水平或体质强弱的重要标志。任何一个体育运动项目都需要运动者具备相应的耐力素质，良好的耐力水平可以帮助运动者有效减缓运动过程中出现的疲劳。

运动者的耐力素质按照不同的分类标准可以分为不同种类。

(1)按氧代谢的特征可以将运动者的耐力素质分为有氧耐力

和无氧耐力两种,二者的运动氧环境不同。

(2)按肌肉工作的性质可以将运动者的耐力素质分为静力性耐力和动力性耐力。其中,动力性耐力主要是指有机体在动力性肌肉工作中克服疲劳的能力。

(3)按专项活动的关系可以将运动者的耐力素质分为一般耐力和专项耐力。一般来说,良好的一般性耐力有助于运动者完成大负荷训练,更好地克服和恢复运动疲劳。而对于专项耐力来讲,运动项目不同,运动者所表现的专项耐力也不同。

(4)按持续时间的长短可以将运动者的耐力素质分为短时间耐力、中等时间耐力和长时间耐力。长时间的运动中,机体的能量主要由有氧系统供能,需要心血管和呼吸系统高度参与。

(5)按耐力表现形式和用力特征可以将运动者的耐力素质分为心血管耐力、肌肉耐力和速度耐力。速度耐力的生理机制与机体内无氧代谢过程的改善和机体适应缺氧能力的提高关系密切。

二、乒乓球耐力素质的特点

乒乓球运动属于个人对抗性球类项目,对抗性极强。随着比赛持续进行,越到比赛后期对手之间的竞争越激烈。在整个乒乓球运动比赛过程中,运动员的大脑皮层始终处于高度紧张状态,这就要求运动员必须具有良好的耐力素质。

乒乓球运动员所需的专项耐力是速度素质和灵敏素质的紧密结合。可以说,如果乒乓球运动员的专项耐力素质不好,那么必然会影响到其在比赛中的击球速度、击球力量以及动作的灵敏性和协调性的发挥,会直接影响运动员的比赛成绩。

三、乒乓球耐力素质训练的要求

(1)乒乓球运动的耐力素质的训练,应安排在训练的后部分进行。

(2)由于有氧代谢供能是无氧代谢供能的基础。因此,在乒乓球耐力素质的训练中,应对有氧耐力训练给予必要的重视。

(3)运动员要根据自己的体力、营养等实际情况,合理安排运动负荷的量和强度,保证训练的科学性和有效性。

(4)乒乓球运动员需要具有相当大的耐力储备,在专项训练中应承担更大的专项负荷,充分利用专项运动负荷的增长来发展专项耐力。

(5)运动员的意志品质在耐力训练中具有重要的作用,为此,在耐力训练中应十分重视对运动员意志品质的培养。

(6)发展乒乓球耐力素质时,最好组织集体练习,并采用形式灵活自由、富有趣味的游戏性练习,避免单调枯燥。

(7)在乒乓球耐力素质练习中,要重视呼吸问题,通过有意识地调节、控制呼吸的节奏,调节呼吸的深度和改变呼吸的方式,从而使机体保持良好的运动状态。

(8)乒乓球耐力素质训练是一个长期的、渐变的过程,要持之以恒,循序渐进地进行。

四、乒乓球耐力素质的训练

(一)一般耐力素质训练

(1)高抬腿跑 20～30 米+加速跑 20～30 米,要求每次做 4～5 组。反复进行训练。

(2)加速跑 20～30 米+高抬腿跑 20～30 米,要求每次做 4～5 组。反复进行训练。

(3)800～1 500 米变速跑。6～10 人列成纵队,听信号从排尾跑到排头,要求练习者在这段距离内要加速跑,或用滑步、交叉步等(图 5-20)。

(4)追逐跑 40～60 米,要求每次做 6～8 组。反复进行训练。

(5)带球跑(用脚踢足球或用手拍篮球跑进)5 分钟、10 分钟或 15 分钟等。

图 5-20

(6)连续跑台阶练习：在高 20 厘米的楼梯或高 50 厘米的台阶上连续跑 30～50 步，如跑 20 厘米高的台阶，要求练习者每步跑 2 级，重复 5～6 次，每次间歇 5 分钟，练习强度 55%～65%。

(7)负重跑。绑沙护腿节奏跑 30～50 米，要求每次 5～6 组。反复进行训练。或穿沙背心节奏跑 30～50 米，要求每次 5～6 组。反复进行训练。

(8)进行 3 分钟的换放球训练(在 2～4 个小凳上放置多球筐，图 5-21、图 5-22、图 5-23)。

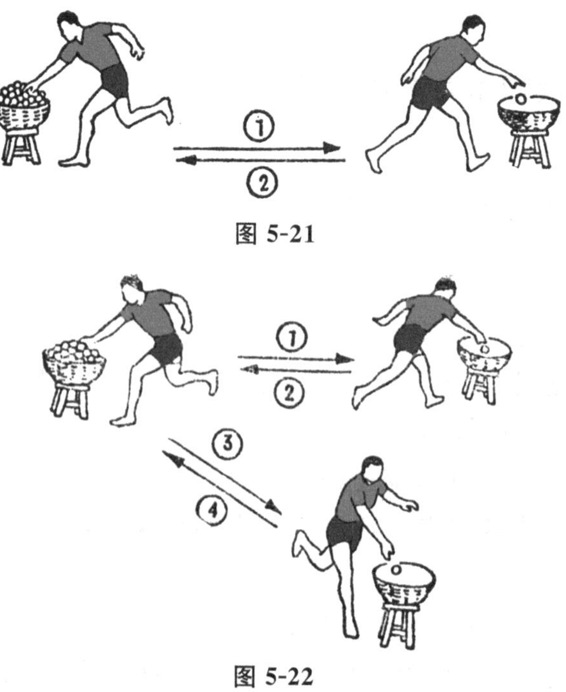

图 5-21

图 5-22

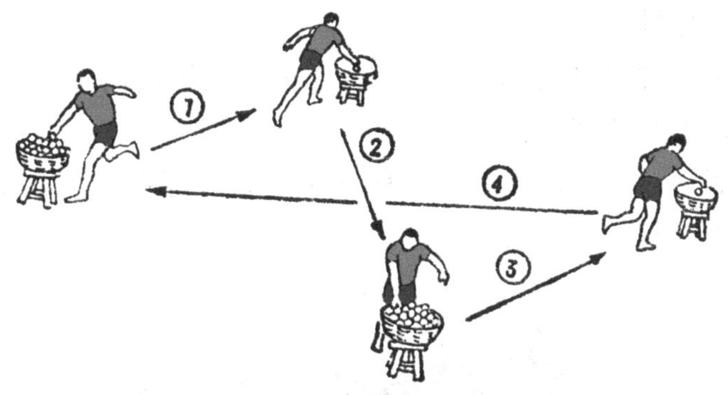

图 5-23

(9)1 分钟立卧撑练习：由直立姿势开始，下蹲两手撑地，伸直腿成俯撑，然后收腿成蹲撑，再还原成直立。每次做 1 分钟，4～6 组，间歇 5 分钟，练习强度为 50%～55%。

(二)专项耐力素质训练

(1)在乒乓球台前做跨步、交叉步移动练习，每组 100～150 次，练习 5～8 组，每组间歇 2～4 分钟，练习强度为 55%～60%，要求动作规范。

(2)3 分钟推、侧、扑步法训练，徒手或用多球训练(图 5-24)。

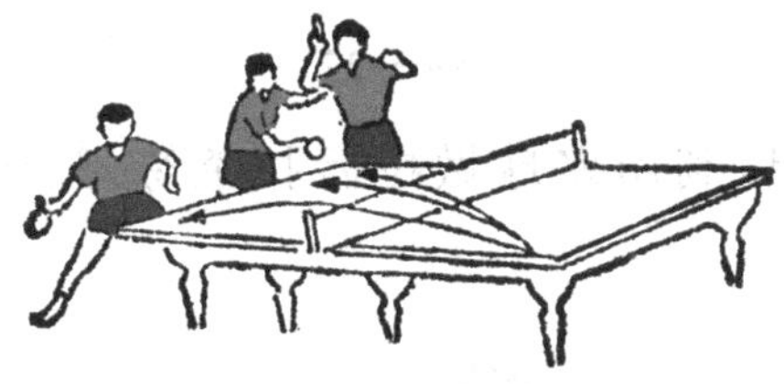

图 5-24

(3)3 分钟交叉步训练(在两端线之间)。

(4)3 分钟长短球步法训练(图 5-25)。

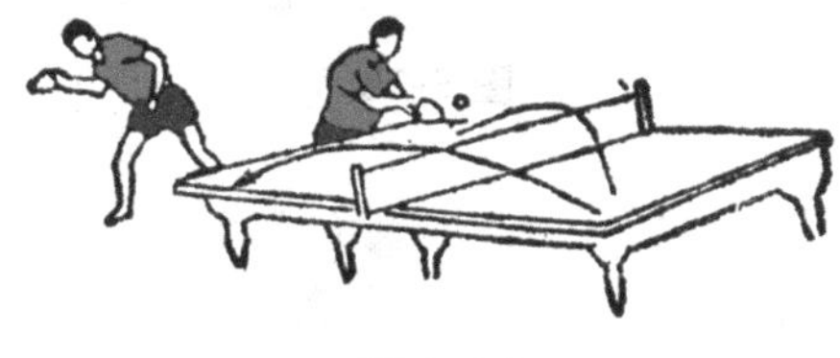

图 5-25

(5)3 分钟二人想象比赛。

(6)1 分钟多球练习，要求练习者按照教练员所安排的教学内容进行反复练习，直至疲劳为止。

(7)两人一组，利用多球在移动中进行扣杀练习，练习时间为3～5 分钟(图 5-26)。

图 5-26

(8)两人一组，利用多球做连续扣杀练习，练习时间为 3～5 分钟(图 5-27)。

图 5-27

(9)两人一组，利用多球做拉后扣杀练习，练习时间为 3～5 分钟(图 5-28)。

图 5-28

五、乒乓球耐力素质训练的注意事项

(1)训练期间注意控制体重。体重是影响个体耐力素质发展的重要因素之一。一方面,练习者的脂肪过多会增大肌肉内阻力,摄氧量的相对值也会因体重的增加而下降;另一方面,体重过重必然会造成机体消耗能量的增加,会间接影响练习者耐力素质的发展。

(2)训练过程中注意调节呼吸。呼吸可以摄取发展耐力的必要氧气,因此对耐力训练十分重要。在运动过程中,呼吸机体摄取氧气是通过提高呼吸频率和加深呼吸深度实现的,所以培养运动者以加深呼吸深度供氧的能力十分重要。此外,还应注意训练呼吸节奏与动作节奏的协调一致性,运动者的呼吸节奏紊乱,必定会破坏运动节奏,导致机体耗能增加,影响耐力水平发展。

(3)合理安排运动负荷。有氧耐力是个体耐力素质的基础,提高有氧耐力的主要手段是发展心肺功能水平。一般的,有氧耐力锻炼的负荷强度安排,心率控制应在140～170次/分,大约为运动者所能承受最大强度的75%～85%。

(4)女子运动员在月经期间不宜从事大强度、长时间的耐力训练,同时应避免剧烈运动及其他外部刺激。

第四节　乒乓球灵敏素质训练方法

一、灵敏素质概述

灵敏素质是人体在各种条件下,能协调地完成复杂动作的能力。实质上是中枢神经对运动器官的支配能力,表现为完成动作的准确与快慢程度,其包括反应、协调性和动作幅度等因素。

二、乒乓球灵敏素质的特点

乒乓球运动属于技能主导类运动项目，具有球小、速度快，旋转性强、变化多等特点。这些特点对运动员的灵敏素质提出了具体的要求。

在比赛过程中，乒乓球在空中飞行的速度是很快的，实验表明，运动员把球从本方台面击到对方台面所用的时间不到0.5秒。在这么短暂的时间内要求接发球的运动员应对来球的方向、速度、旋转及落点等进行仔细、全面的观察和准确的判断，并据此迅速做出对策，迅速移动步法，调整身体重心和击球的位置，并挥拍进行击球。为了适应比赛中球的各种复杂的变化，乒乓球运动员必须经常从一个动作、一种技战术转换到另一个动作、另一种技战术，乒乓球的这些项目特征要求运动员必须具备良好的灵敏素质，否则很难在比赛中掌握主动权。

三、乒乓球灵敏素质训练的要求

(1)乒乓球运动灵敏素质训练最重要的目的是提高运动员大脑皮质神经过程的灵活性和兴奋性。只有人体大脑皮质的灵活性和兴奋性提高了，才能有利于快速、准确地完成各种技术动作。

(2)灵敏素质属于一项综合素质，在进行灵敏素质训练时，要结合其他素质进行，从而促进整体素质的全面提高。

(3)灵敏素质练习的负荷强度要大，但时间不宜过长，次数也不宜太多，要保证充分的间歇时间，以避免运动疲劳的发生。

(4)身体灵敏的全面提高，有赖于多建立有严格要求的条件反射。也就是说，学会正确的、随意的动作，越多越好。

(5)准确地分析动作的能力越强，迅速掌握动作或重新组合动作的能力就越快，所以，不论练习什么动作都应该全身心投入，培养准确感觉自己动作的能力。

四、乒乓球灵敏素质的训练

(一)一般灵敏素质训练

(1)按照约定的哨声或手势进行跑和停的练习,如进行快速向前跑、后退跑,或者向后转跑,或急跑、急停等。

(2)看或者听到信号后,按要求变换各种步法。

(3)听信号或看手势做相反动作的练习。要求反复进行多次练习。

(4)听口令原地行进间跑步中做动作。喊数抱团或做各种击球动作。要求反复进行多次练习。

(5)一对一面向站立,双手直臂相触,虚实结合相互推,使对方失去平衡练习。要求反复进行多次练习。

(6)掂球接力:掂着球跑,绕过规定的目标后进行折返跑,将球快速传给同伴,同伴重复做上述动作,直至所有人跑完。训练中,可分成两队进行比赛。

(7)追逐跑:若干人一组进行托球跑,跑动过程中,听到一声哨声,单数立即追双数;吹两声,双数追单数;不断变换进行练习。

(8)追逐游戏。追人者手持球拍托球,在限定的范围内追逐他人,将乒乓球击到被追者身体算捉住了被追者。然后被追者变为追人者,依次进行(图 5-29)。

(9)射门游戏。分为两组,每队 3～4 人,用乒乓球拍和乒乓球进行类似足球比赛的游戏。在规定时间内,射中球门次数多的队获胜。

(10)传球抢截游戏。分为两组,每组 3～4 人,手持球拍在限定范围内,进行传球抢截游戏(图 5-30)。

(11)限定采用各种不同的乒乓球移动步法,托球进行“8”字跑的接力游戏(图 5-31)。

图 5-29

图 5-30

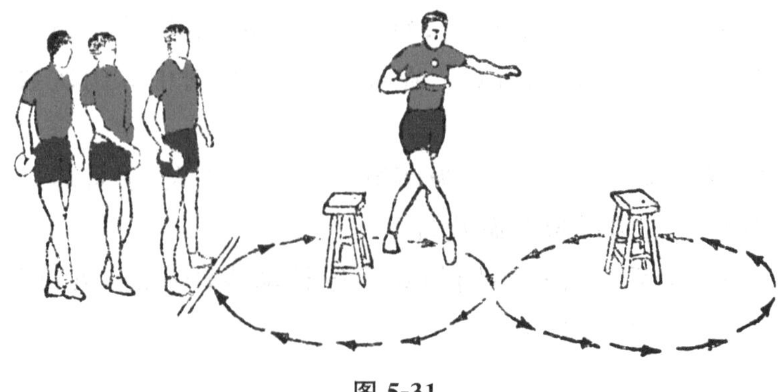

图 5-31

(12)托球折回跑接力,途中乒乓球掉落需要从起跑线重新开始跑(图 5-32)。

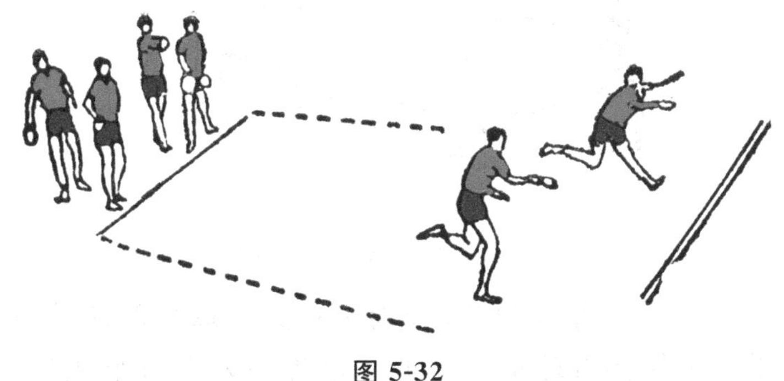

图 5-32

(13)以非常规姿势完成的练习。各种侧向或倒退方向的练习,如侧向或倒退跳远、跳深等。可反复进行多次练习。

(14)以对侧肢体或非常规姿势完成动作。比如,用对侧脚盘带球或踢球;用对侧臂掷羽毛球或橡胶球;做反方向击球动作。要求反复进行多次练习。

(二)专项灵敏素质训练

发展乒乓球运动者的专项灵敏素质应从改进专项技术动作中的协调性,提高动作的准确性入手。如果运动者不能随机应变地操纵自己的身体,不能精确地控制自己的动作,那么就说明他的灵敏素质比较差。在训练实践中,改进乒乓球运动者的灵敏性的最好方法是在对抗中正确地、快速而反复地练习乒乓球运动技术动作,乒乓球专项灵敏素质与乒乓球专项技术动作敏捷、灵巧和精确密切相关。重视发展乒乓球运动专项的协调性是提高乒乓球运动员专项灵敏素质的重要途径之一。

乒乓球专项灵敏素质训练方法具体如下。

(1)两人一组,在球台的任何位置(最好是距离练习者越远越好,并有一定的角度)上放置目标(拍套或球拍等),在规定的多球数目中,二人比赛看谁击中目标多,击中次数多为胜方(图 5-33)。

图 5-33

(2)三人一组,分成两队,分别站在乒乓球台的两端,进行类似双打的三人轮换击球训练。训练过程中要求每个队员还击后做一次俯卧撑,然后再准备打一板球。规定双方打中等力量的球,不得扣杀(图 5-34)。

图 5-34

(3)三人一组,两人各站球台一端,另一人站在球网附近,按照顺时针(或者逆时针)跑动,并轮换击球。

(4)四人一组,沿球台跑动,轮流击球。在限定时间内,两组可进行击球板数的比赛,击球板数多者为胜(图 5-35)。

(5)以多球形式变换旋转练习。连续供 3～4 个上旋球,突然供一个下旋球或一个不转球。要求反复进行多次练习。

(6)连续供不同旋转性质与不同旋转强度的练习。以多球形式为主,要求练习者命中 50 球为一组,每次练习 2～3 组。要求逐渐提高命中率。

(7)每队 3～4 人,分为两队,用球拍和乒乓球进行类似足球比赛的游戏。要求在规定时间内,尽可能多的射中球门,以射门次数多者为胜。可以反复进行多次练习,提高命中率。

图 5-35

五、乒乓球灵敏素质训练的注意事项

(1)人在疲劳时灵敏性会变差,因此,练习者应在体力较好时进行灵敏性锻炼。

(2)练习负荷强度要大,每次负荷持续时间不宜过长,重复次数也不宜太多,间歇时间要充分,以不产生疲劳为限度。

(3)灵敏素质是一种综合素质,与力量、速度、协调等素质有密切关系,尤其与机体的反应速度、动作速度、爆发力和协调性等联系紧密。因此,在灵敏素质训练中应重视与上述素质的训练结合起来进行。

(4)灵敏素质的提高与机体动作技术的条件反射有关,因此要准确掌握乒乓球运动技术动作,提高自己快速完成技术动作的能力,以促进灵敏性的提高。

第五节　乒乓球柔韧素质训练方法

一、柔韧素质概述

柔韧素质具体是指人体关节活动幅度大小以及跨过关节的韧带、肌腱、肌肉、皮肤及其他组织的弹性和伸展能力。它主要体现的是关节活动幅度的大小和跨过关节的肌肉、肌腱、韧带等软组织的伸展性。因此，机体的这两个方面对柔韧水平的影响非常大。其中，决定关节的活动幅度的主要因素是关节本身的装置结构；跨过关节的肌肉、肌腱、韧带等软组织的伸展性，则与日常的运动训练具有密切的联系。

根据不同分类标准，可将个体的柔韧素质划分为以下几类。

(1)根据运动主体可将柔韧素质划分为主动柔韧素质和被动柔韧素质两大类。前者除了与个体的柔韧素质有关，还与其他体能素质有着密切关系；后者是一种借助外界的力量使身体各关节的灵活性达到最大程度的能力，是发展主动柔韧性的基础，二者相互提高。

(2)根据身体状态可将柔韧素质划分为动力性柔韧素质和静力性柔韧素质两类。其中，动力性柔韧素质是指机体依据动力性技术动作的需要，肌肉、肌腱、韧带等软组织拉伸至解剖学所允许的最大限度，随后再利用强有力的弹性回缩力完成技术动作的能力。静力性柔韧素质则是指根据静力性技术动作的需要，肌肉、肌腱、韧带等软组织拉伸至动作所需的位置角度，并能够控制其停留一定时间所表现出现来的一种能力，它是动力性柔韧素质的基础。

(3)根据专项可将柔韧素质划分为一般柔韧素质和专项柔韧素质。身体最主要关节的活动能力均属于一般柔韧素质。

(4)根据运动部位可将个体的柔韧性划分为肩部柔韧性、腰部柔韧性、腹部柔韧性、上肢柔韧性、下肢柔韧性等。

二、乒乓球柔韧素质的特点

乒乓球运动员的柔韧素质表现出一定的年龄特点，具体如表5-3所示。

表5-3　乒乓球运动员柔韧素质的年龄特点

年龄段	成长期	柔韧素质训练特点
4—5岁	儿童时期	根据专项的需要进行柔韧性训练，尤其是髋和脊柱的柔韧性。
6—10岁	少年期	肩、髋、脊柱的灵活性较好。但髋关节向侧活动的幅度开始下降，所以应根据专项需要，加强这方面的训练。争取在12岁以前使柔韧素质得到较好发展。
13—20岁		柔韧素质下降，易出现伤害事故，所以，应避免或少做过分弯曲和扭转的动作。
16—20岁		逐步加大柔韧练习的负荷强度和难度。
20岁以后	成年期	骨化过程结束，结合专项持续强化训练。

乒乓球运动对运动员的手腕和腰部的柔韧素质要求较高，多见于比赛中运动员的转腰、拧腕发球和击球，在训练中应加强这方面的练习。与腰部相比，乒乓球运动对机体其他部位的柔韧性要求相对较低。

三、乒乓球柔韧素质训练的要求

(1)柔韧素质训练应由简到繁、由易到难，循序渐进进行。训练时，要注意动作的规范性，将注意力集中在放松及拉长的肌肉和韧带上。

(2)柔韧素质训练中的助力者应是富有经验的人,这样才能保证训练效果的有效性,并能保证防止运动损伤的发生。练习时要动静结合,左右上下结合,促使身体各项素质的协调发展。

(3)柔韧素质训练中,练习的量、强度、内容和手段的选择,要结合自己的实际情况进行,把握因人而异的原则。

(4)要保持柔韧素质练习的持续性和长久性,这样才能更好地发展柔韧素质。

四、乒乓球柔韧素质的训练

(一)一般柔韧素质训练

1.肩关节柔韧性训练

(1)正压肩:练习者面向球台或肋木,双手手扶球台或肋木做双手压肩或单手压肩练习。

(2)侧压肩:练习者侧向肋木站立,两只手一手上握一手下握肋木侧拉。

(3)压肩振臂:并腿坐在垫子上,臂上举,同伴在背后一边向后拉其双手,一边用脚蹬练习者肩背部,向后拉肩振胸。

(4)背向拉肩:两人一组,分别背向两手头上拉住,同时做弓箭步前拉。

2.腰腹部柔韧性训练

(1)挺身起:练习者背对肋木站立,双手后握肋木,提踵屈膝下蹲站立。双脚蹬地伸展并向前送髋、挺身至最大限度。练习过程中,注意身体的充分伸展,应呈半圆形状。

(2)后下屈体:练习者背对肋木站立,挺髋、挺胸、抬头,两手先高握肋木,再不断向下扶肋木,至身体后屈最大限度。

(3)后倒成背弓：练习者屈膝跪立，双臂自然置于体侧，然后上体慢慢向后倒，挺胸、展髋，身体成背弓。练习过程中注意髋及上体应充分伸展。

(4)棍、绳或橡皮筋转体：练习者用木棍、绳或橡皮筋做直臂向前和向后的转肩(握距逐渐缩小)练习。

3.下肢柔韧性训练

(1)屈膝做侧压腿：练习者上体直立，两腿屈膝，两脚掌相对并触及坐下，双手下压两膝关节至两膝触地。

(2)正摆腿：练习者一手扶肋木，侧对肋木站立。远离肋木的腿伸直，勾脚尖向正前上方快速用力摆动，另一条腿提踵支撑，两腿交替重复训练。

(3)侧压腿：练习者上体直立，两腿大开立，重心左移，左腿屈膝，左脚提踵成全蹲侧压右腿，两腿交替训练。

(4)后拉腿：练习者上体直立抑或稍后仰，左腿在前，屈膝站立，右膝在后支撑，左手扶地右手向后上拉右小腿与大腿折叠，脚踵触及臀部。

(5)外摆腿：练习者两手侧平举站立，左腿向前踢腿并随之向左外侧摆动，脚外侧触击手掌，两腿交替重复进行。

(6)将腿部垫高，在同伴的帮助下进行压腿练习。

4.踝关节柔韧性训练

(1)踝屈伸：练习者双手握较低肋木，双腿后伸，两腿提踵支撑。一脚屈踝至全脚掌撑地，另一脚提踵。两脚轮流交换进行踝关节有弹性的屈伸练习。

(2)体前屈伸膝、踝：身体前屈，双腿屈膝站立，双手扶地。双腿用力伸膝、伸踝、提踵。多次重复练习。

(二)专项柔韧素质训练

乒乓球运动专项柔韧素质训练应与其他素质的训练结合进

行，根据乒乓球运动员不同打法类型来选择和编排乒乓球运动专项素质的循环训练内容，通过控制练习量来区别适用于不同技战术打法的运动员，从而开展有针对性的训练。

乒乓球专项循环练习的训练方法主要有以下几种。

(1)俯卧撑练习—原地跳练习—仰卧起坐练习—哑铃操练习—跳绳练习(单或双摇跳)。

(2)立卧撑跳练习(立正，俯撑，立正，起跳)—哑铃操(腕部练习)—仰卧两头起练习—移动摸球台两端线—模仿动作(持铁拍)练习—正手攻台内球—反手推挡—侧身攻球—挡侧身扑右(左)角—反手攻球。

(3)立卧撑跳练习(立正，俯撑，立正，起跳)—哑铃操(腕部练习—仰卧两头起练习)—移动摸球台两端线—模仿动作(持铁拍)练习—正手搓—反手快拨—反手削长、短球—正手削长、短球—正手削中反攻。

五、乒乓球柔韧素质训练的注意事项

(1)合理计划运动量，运用适宜的负荷强度进行训练。增加强度应当逐步进行，练习时不可用力过大、过猛。训练强度过大，会造成练习者肌肉和精神紧张，影响其伸展能力和引发肌肉损伤。长时间、中强度拉力练习对发展柔韧素质是十分有效的。

(2)训练间歇时间可根据练习者的自我感觉来确定，当其感觉已恢复并准备好做下组练习时便可开始。充足的间歇时间让练习者得到恢复，为下次练习加大关节活动幅度创造有利条件，使训练达到更好的效果。

(3)要遵循循序渐进原则。柔韧性练习过程中，拉伸肌肉时可能会出现疼痛现象，在同伴帮助下进行被动性拉伸练习时更应谨慎，不能急于求成，以免肌肉、韧带拉伤。

(4)训练要持之以恒，不可半途而废。柔韧素质退化很快，必须经常练习才有可能保持现有水平，因此要坚持持续训练。

(5)不同体能相互间有转移的现象，运动器官的生长发育也会影响各身体能力之间的关系。因此，柔韧性练习要与发展其他身体能力的练习结合进行，使之相互促进，共同发展。

第六章　乒乓球运动的技术技巧探索

乒乓球技术是区分乒乓球与其他体育运动项目的重要标志。乒乓球技术复杂、多变、快速，掌握扎实的技术有助于提高乒乓球战术的执行力。因此，本章就重点研究乒乓球技术原理、乒乓球实战基本技术以及进阶（高级）技术，以期为乒乓球运动练习者提供科学的指导。

第一节　乒乓球运动技术原理

一、乒乓球技术原理分析

（一）球的旋转

纵观现有的球类运动，乒乓球运动是在击打过程中旋转最为强烈的项目，而这项运动的魅力源自于球的旋转。

球在飞行过程中的不同强度的旋转会增加对方的还击难度，从而达到迫使对方出现回球失误的目的。由于圆形的球体可以根据受力的不同产生出多样化的旋转轴，因此乒乓球的旋转是非常复杂的。另外，旋转的复杂性还在于旋转时，球的旋转轴与基本旋转轴都有所偏离，随着偏离程度的增大，球的旋转开始变得没有规律，即从一种性质的旋转逐渐变成另一种性质的旋转。

从具体的一个乒乓球在旋转中的属性进行分析，它的旋转方向受挥拍方向影响，旋转强度受触拍部位、击球力度以及击球角度影响。如果练习者对乒乓球旋转的原理了解透彻的话，将无疑会对他在练习中对旋转的制造、对抗与变化有极大的帮助。不过应注意的是，球的旋转主要还是依靠撞击力和摩擦力产生的，要想制造最大的旋转需要在这两个力中找到最佳的协调点，任何一个分力不足或者过大都会过犹不及，对旋转的制造带来限制。如撞击力大而摩擦力小，球的速度就稍快，但球的旋转稍弱，如果为此就极力将球打得太薄（发力离球心越远），就会使球在拍面上打滑，也不能加强球的旋转，这就是所谓的胶皮没有“吃”住球。两种力量的适中点需要在长期的练习中不断尝试和摸索。

（二）球的落点

回接乒乓球后球落到对方球台的点，叫作“球的落点”。它是回球属性中较为重要的一点。球的落点如何是评价一次回球是否具有威胁或战术意义的重要标准之一。在乒乓球运动中，要想使回击的球更具威力，给对方造成较大威胁，就势必力争能够让对手不要在稳态（站定）中回球，要想调动对方移动，就需要刁钻的落点。许多乒乓球的战术达成都要依靠落点的变化才能实现，这有利于掌握比赛的主动权。以发球为例，如若发近网短球，最佳落点为球台半台范围内的“小三角”位置，“小三角”即指一边为1/4 球网，一边是半台内边线的 1/2（近网），以及二者的连线所构成的三角形区域。

具体来说，一个绝佳的落点需要满足以下两个方面条件。

（1）根据战术的不同，回球落点的长短应有不同。例如，如果在相持球中为了将对方压在中台之后，那么回球的落点就更靠近对方球台的底线位置；如果是发短球、接发球摆短等技术就要将回球的落点更加接近球网。如此一方面可迫使对方上步接球，另一方面在二跳不出台的情况下最大化的限制对方台内起板进攻，另外，在回短球时将落点放在左右两个“小三角”中效果更佳。

（2）从回球路线来看，回球的落点离对方所站位置越远越好，尽量扩大对方照顾球台的范围，迫使对方大范围的移动，如对方右手持拍在进行侧身进攻后，我方将球的落点回至对方正手位大斜线，给对方的奔跑带来极大困难。另外，根据对手的技术特点或缺陷，可以把落点选在对方技术的缺点部位，如对方的反手技术有明显漏洞或不稳定，便可以将更多的落点放在对方的反手位，迫使对方失误。

（三）球的飞行弧线

球的飞行弧线，是指乒乓球在空中飞行的轨迹。在乒乓球运动中，击球使球获得水平方向的力而飞向受力方向的反方向，在飞行过程中，由于球受到地球重力的作用会划出一道向下的弧线最终落到台面或地上。优秀的乒乓球运动员凭借多年的训练和良好的手感，可以做到在击球的瞬间调整球拍与球的接触时间与角度，以此达到控制乒乓球飞行弧线的目的。

由于乒乓球由一方击打给另一方时的全过程有两个阶段，因此，相应球的弧线也就被分为两个阶段，即第一弧线和第二弧线。具体分析，第一弧线是球被球拍击出后，到落在对方台面为止的这段飞行路线，而第二弧线则是球从对方台面弹起直至碰到其他物体为止的这段飞行路线。

上面讲到的弧线是发球后的，而与一般击球弧线不同的是，发球弧线是一个特例。所谓的发球弧线，是指球自发球者球拍出手落在本方台面为止的这段弧线。

球的飞行弧线是否合理会影响到回球质量的高低。例如，发球弧线过高就很容易让对方抓住这一机会直接采取接发球抢攻的方式回球，给发球方带来极大的威胁；在相持对攻环节中，较低的弧线让对方难以做到高质量的回接工作，而较高的弧线则会给对方更多的反应时间。

（四）击球力量

击球力量是乒乓球练习者非常重视的一项运动素质。从一般情况上来看，击球力量越大，给对方回接造成的困难就越大。

根据动力学研究证明，物体撞击力量的大小取决于该物体质量的大小和物体本身加速度的快慢。将这一原理引申到乒乓球运动中就是球员挥拍时的速度越快，击球力量越大。

不过，不能过于简单地看人的绝对力量与击球力量之间的关系，实际上两者并不完全成正比，即并不是绝对力量更大的人击出的球的力量就更大。由此可见，影响击球力量的因素还另有其他。

通过研究发现，力量作用于球，是通过球的前进速度和旋转强度来表现的。当发力点穿透球心时，力量完全作用在球上，而发力点与球心若是相切的关系，那么力量中的一部分便会转化为球的旋转。在乒乓球技术中，运动员击球力量的具体表现为“狠”，加大击球力量是运动员得分的重要手段，如大力击球可以抵消来球的旋转、压制来球的速度和落点变化、制造主动进攻的机会。但运动员在加大击球力量的过程中应注意选择合理的击球时间和击球点，并且应注意在发力前首先使手臂保持一种相对的放松地引拍动作，只是在与球即将接触时突然收紧发力，即鞭打效果。

要增加击球力量，还要关注发力动作的顺序性和协调性，注意保持力的集中性，关注爆发力，避免力的分散。全身的协同发力也是增大击球力量的重要方法，特别是对腰部与上肢力量的协同发力最为关键。

（五）击球速率

击球速率的效果主要体现为一方连续击球的衔接速度。较快的击球速率好似“连珠炮”一般咄咄逼人，给对方造成极大的回球压力。较快的击球速率固然能够提升对对手的压迫感，但是随之带来的就是可能提高本方击球的失误率。因此，要想获得较高的击球速率，在平日就要进行对击球速率的针对性练习。

从技术原理上分析，增加击球速率的方法主要在两方面。

第一，对对方的回球落点和线路做好初步的预判。要想提高击球速率，对对方的回球必须要有一定的预判，以此为提高下一板球的衔接动作打下基础。试想，出乎意料的对方回球势必会占用己方的思考时间，在转瞬即逝的乒乓球运动中，这一定会减慢下一板球的回接动作。

第二，在击球时力争在球的二跳上升后期击球。当球落到本方台面后才可进行触击，此时球在落台弹起后至落地间的弧线被称为乒乓球的“二跳弧线”，二条弧线被分为上升前期、上升后期、高点期、下降前期和下降后期。不同的战术、打法或情况在不同的二条弧线位置击球。因此，为了达到提高击球速率的目的，就要尽量缩短乒乓球二跳弧线占用的时间。由此可知击球点应该在高点之前，不过鉴于越靠近落点击球越不容易判断球的趋势的实际情况来看，过度迎前必然会带来过高的失误率。因此，通过实践证明，为了提高击球速率，在来球的上升后期击球是最佳时机。

二、乒乓球击球技术的构成

（一）击球的基本环节

乒乓球运动中每一次击球所包含的基本因素叫做击球的环节，击球动作包括以下五个环节，各部分间密切相连，环环相扣。

1. 准备

运动员每一次击球前都要做好准备，包括身体方面的准备和心理方面的准备两个方面。前者指站位、身体姿势等；后者指注意力集中、有信心等。

2. 判断

判断来球是运动员打好球的基础，当对方击球后，运动员应准确判断清楚来球的线路、速度、旋转、高度和落点等，以便于及时移动，合理选择站位和击球方式。

3. 移步

移步是击球动作实施的前提，迅速、合理的步法移动有助于运动员提高回球质量。正确的移步应既有利于此次击球，又不妨碍下次击球。

4. 击球

击球是乒乓球运动员的重要技术，击球质量的好坏和运动员掌握技术的程度及步法移动的好坏联系紧密。

5. 还原

迅速、及时的还原有利于运动员为迎接下次击球做好准备。

（二）击球的动作结构

乒乓球运动的击球技术动作多种多样，但基本上都可以分为以下四个联系紧密的动作。

1. 选位

运动员选位是否合适直接影响其击球质量。运动员应根据来球情况，选择最有利于的站位及姿势。

2. 引拍动作

运动员的引拍动作应视来球的快慢、高低、旋转等进行调整。如来球为强烈上旋的弧圈球，应及时向前高手引拍；如来球很快，应快速小幅度引拍；要使球呈下旋，应向上引拍；要使球上旋，应向下引拍。

3. 击球动作

运动员的击球动作应注意对发力大小、发力方向、发力顺序、发力方法、参加工作的肌肉部位、拍形、挥拍方向、触球部位、击球时间、击球点等的控制。整个击球动作应流畅、协调,一气呵成。

4.结束动作

运动员在击球动作结束后有一个随挥动作,是持拍手因惯性而使在击球后随球向前运行一小段距离的动作。结束动作还包括随挥结束后短暂的放松动作,放松的目的是保持身体平衡,以便于有节奏地连续击球。

三、乒乓球技术新理念

(一)充分运用身体力量

我国乒乓球运动员的技术风格多为快攻打法,动作结构上讲究幅度小、出手快。擅长这种技术打法的运动员主要在于第一二板的拉冲,这种打法只能用于近台作战,如果在乒乓球比赛中,运动员被迫相持或退到中远台,这种打法就会处于劣势,运动员不注重对身体力量的调动和运用。为了适应现代乒乓球技术的不断发展和变革,乒乓球运动员应充分运用身体力量,在运用技术时注意改进动作结构,做到以下两点。

(1)注意技术动作的舒展性,运用乒乓球技术时要使身体各运动部位协调用力,充分发挥身体重心的作用,体会并掌握蹬腿、转腰、转髋来由下而上将力量传递到手臂,从而带动手臂发挥出力量。

(2)要特别重视前臂快速收缩在技术动作中的重要作用,以将力量更好地集中到击球发力中去。运动员在日常的技术训练中应注重培养和强化迎前主动发力的意识,避免过多打借力球,尽量提高击球技术动作的攻击性。

(二)速度与旋转的融合

良好的击球速度是乒乓球运动员在比赛中制胜的重要因素,

但仅仅依靠击球时的出手速度很难打出杀伤力较大的球。因此，在乒乓球运动中，速度常与旋转结合起来，以增加球对对方的威胁。

现代乒乓球运动技术发展到今天，速度与旋转的相互结合已经在很大程度上远远超出了当初的范畴。以横板反手对付弧圈球为例，以往较多地使用挡、拨、带等技术来应对，虽然发挥出了速度，但打出的球缺乏旋转；现在乒乓球运动中较多地采用带有摩擦成分的快撕技术。再如，在过去较为盛行的弧线偏高的高吊弧圈球越来越少见，现在开始流行弧线由上而下的拉冲，新的技术球速快、顶手，对对方构成的威胁较大。

（三）全方位的立体作战

乒乓球运动的“立体作战”具体表现在以下几方面。

1.反手进攻加强

我国乒乓球运动员多以正手为主，一些优秀的乒乓球运动员的反手也能较好地解决速度与旋转的问题，但击球力量较差，现代乒乓球竞赛竞争激烈，要求运动员做到进攻技术没有死角，即要求运动员的反手具备与正手相近的进攻能力，能在近台主动发起抢攻。此外，在面对对方发出的弧圈球时，可以采用反撕或反拉技术来进行应对。

近年来，“直拍横打”的发明以及在乒乓球技术中的广泛使用，为习惯使用直板的运动员解决了反手主动上手的难题。在新一代直板运动员中，以王皓为代表的运动员已初步具备了攻防转换和连续相持的能力，这使得直板反手的劣势逐渐被扭转和改变。

现代乒乓球运动的发展要求运动员反手进攻的加强并不意味着对正手进攻的不重视，而是在保证正手进攻能力的基础上改进反手进攻的技术动作结构，以促进运动员乒乓球技术水平的整体提高。

2.近台争夺激烈

在乒乓球运动实践中，近台的争夺至关重要，它几乎已经成为当前乒乓球技战术发展的集中体现。现在乒乓球运动比赛中的近台争夺中更加强调上旋球的对抗，新一代的乒乓球运动员使得在第一板就应对上旋球进攻的速度提高到了一个更高的层次。下面就以发球抢攻和接发球抢攻两方面为例进行剖析。

(1)发球抢攻

自从在乒乓球比赛中开始使用大球后，造成了发出的球的旋转减弱，这就使得运动员在发球时要具备更高的变化落点的能力；大球的使用使得运动员主动发上旋或不转的正手近网短球，以逼迫对手轻挑，然后在采用反撕转攻，这样会更加有效。现代乒乓球运动中已经广泛采用挑右压左的战术，右半台抢攻也开始被运动员所重视。

(2)接发球抢攻

在现代乒乓球运动中，运动员已经加强了侧身以正手接发球为主的意识，在比赛中主要采用挑、拉、晃接、劈长等手段，再加上与摆短至两个小三角，以此来对对方的发球抢攻进行压制，并为自己制造出接发球后直接从侧身位发起全台正手抢攻或反拉的机会；大球在乒乓球运动中的使用在使得球的旋转减弱的同时，发出的球也更容易出台，这给接发球直接抢冲半出台球增加了更多的机会；无遮挡发球的规则削弱了发球段的主动优势，加强了接发球段的地位，运动员更加重视接发球的得分。

3. 攻防转换意识增强

我国乒乓球运动的传统强项是“前三板”技术，由发球、接发球和发球抢攻共同构成，近台的争夺在现代乒乓球比赛中已经更多地延伸到了对第四板、第五板的控制与反控制上，这就更加强调攻守的灵活转换。

在现代高级别的乒乓球比赛中，在接发球后，运动员会直接将球送到对方的正手位，这就使得下一板的回球质量成为能够由守转攻的关键，也就是说，“接、防、反”要一体化，在发球之后的第三板和第五板技术也同样重要。在现代乒乓球运动攻守转换技术中，反拉技术是最为具有攻击力和杀伤力的，是现代弧圈球的核心技术，其技术水平的高低直接影响比赛的胜负，主要表现为：发长球后主动侧身反拉；主动发半出台球，让对方拉起后反拉；接发球控制对方后进行第四板反拉。

四、乒乓球技术学练的基本要求

乒乓球是风靡亚欧大陆的小球运动，近些年来在非亚欧地区也获得了广泛发展。时至今日，乒乓球的技战术发展越发加快，一些先进技术不断地被创造出来并很快用于实践。不过对于广大乒乓球运动的参与者或初学者来说，急于练成高级技术并不现实，应从基本入手，按照乒乓球技术学练的基本要求练习，如此才能为技术的快速提高打好必要的基础。综合来看，乒乓球技术学练的基本要求主要有以下几点，在练习中要格外注意。

（一）注重身体协同发力

乒乓球运动自起源至今获得了多次改革，直到今天，这种改革的步伐都没有停歇。对乒乓球运动的改革的目的在于使这项运动更加具有观赏性和竞技性，因此，这种改革是十分有必要的。不过，随着改革的进行，对于乒乓球技术的要求就会有所改变。乒乓球在最初尺寸为直径 38 毫米，21 世纪初始国际乒联增大球的直径至 40 毫米，区区增加的 2 毫米对于乒乓球运动的影响是较大的，增大的尺寸使得球速更慢、旋转更弱。因此，要想打出有威胁的球，就需要运动员拥有更大的力量，为此，选手必须注重对自身力量素质的训练。但前面曾经说到，乒乓球的击球力量除了绝对力量之外，它对球员全身协同发力也有着较高的要求。为了获得协同发力的动作，在运用技术时应注意做到以下两点。

(1)适当增加动作幅度和舒展性。运用乒乓球技术时要使身体各运动部位协调用力，特别是要注重对腰腹力量的使用。乒乓球的发力实际上始于脚下，腰腹作为身体的中枢，协同发力才能将脚下、腿部的蹬地发力传达至发力的末端——手上。因此，充分发挥身体重心的转换辅力作用是提升力量的最佳方法。

(2)注重前臂的力量爆发作用。通过长期实践证明，最终的发力作用到球上产生最终效果。因此，击出球的效果如何的关键就在于触球的一刹那，由此知道在触球前前臂的快速收缩动作就成为最终影响发力效果的技术关键。为了击打出质量较高的球，需要前臂的快速收缩，对球施加一种快速爆发的力。因此，在平日的训练中要格外加强前臂的收缩发力，训练中就要多注重主动发力，避免过多打借力球。

(二)速度与旋转的融合

速度和旋转是乒乓球运动的特点与魅力。当一个击球同时具备了高速度和高转速的话，那么这个击球一定是高质量的。不过想要击出这种球并不容易，首先它不能仅仅依靠击球时的出手速度来实现。因此，在乒乓球运动中，速度常与旋转结合起来，以增加球对对方的威胁。基于这种旋转与速度结合的理论，一项新的技术——弧圈球应运而生，正是弧圈球能够将速度与旋转完美结合的特点，使得它成为现今乒坛上被人运用最广泛的技术，并且由这种技术衍生出了弧圈球的多种打法风格，如欧洲两面弧圈打法，弧圈结合快攻打法以及快攻结合弧圈打法。

速度与旋转的结合无疑使得击球质量更高，兼具攻击型和稳定性。例如，速度是制约对方回高质量球的有力武器，而为了让快速击球的稳定性较高，加入弧圈(高速上旋球)后可以使球的一跳弧线更加稳妥，在球过网时拥有更大的“球窗”，从而为击球提供稳定的保护。此外，高强度的旋转还能增加对方对来球的判断难度和回球难度，为己方提供绝佳的进攻机会。

(三)全方位的立体作战

乒乓球技术发展到今天可谓百花齐放，赛场上早已看不到一种技术独大的局面，取而代之的则是“立体式”的作战。这种“立体式”具体表现在以下几方面。

(1)逐渐加强的反手进攻。我国传统的近台快攻打法主要以正手进攻为主,直到今天这种正手为主反手为辅的思维一直延续。而从现代乒乓球运动的发展来看,反手的作用逐渐凸显。反手的强化主要可以使进攻更加流畅以及防守无死角,在此情况下,偏弱的反手显然使自身在技术上出现短板,往往就容易被对方利用。我国乒乓球人为了解决这一问题做出了一些积极地尝试,如著名选手王皓标志性的直拍横打技术,这标志着新一代直板运动员已经初步具备了连续相持和攻防转换的能力,逐渐开始从根本上摆脱直板反手的弱势。

(2)近台的争夺越发激烈。在乒乓球运动实践中,近台的争夺至关重要,它几乎已经成为当前乒乓球技战术发展的集中体现。现在乒乓球运动比赛中的近台争夺中更加强调上旋球的对抗,新一代的乒乓球运动员更是将第一板对上旋球进攻的速度提高到了新的层次,并且为此创新了如正手台内挑打、正手晃撇以及反手台内拧技术,这些为了适应全方位立体作战的新技术在实战中均获得了极佳效果。

第二节　乒乓球基本技术技巧探索

一、握拍技术

(一)握拍技术分析

乒乓球运动握拍技术,是指手握乒乓球拍的方法。现代乒乓球运动的握拍主要有直拍握法和横拍握法两种。两种握拍方法各有特点,适用于不同的打法和不同技术特点的选手,没有孰好孰坏之分。其中,直拍握拍在亚洲选手中使用较多,横拍握拍广泛被欧洲选手使用。不过现代乒乓球的发展越发注重全面性因素，因此，现阶段使用横拍握拍法的选手较多。

乒乓球的握拍法是最为基础的乒乓球技术，正确的握拍技术对掌握乒乓球技术和提高乒乓球技巧至关重要。

1. 直拍握法

直拍握法的特点是出手快速，攻球有力，拍面变化不大，对手难以判断。

(1)直拍快攻型握拍法：拇指第一指节和食指第二指节握拍，使拍柄压住虎口，拇指与食指之间的距离要适当；其他三指自然弯曲，中指第一指节顶住球拍的后上部(图 6-1)。

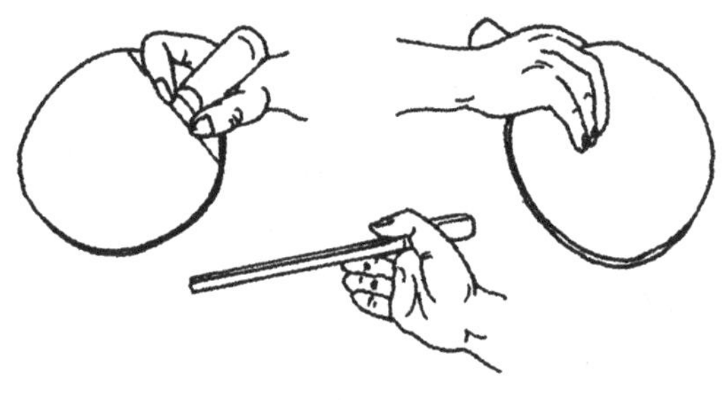

图 6-1

(2)直拍弧圈球型握拍法：拇指紧贴于拍柄左侧，食指扣住拍柄，形成一个小环状紧握拍柄；其他三指自然伸直，中指第一指节顶住球拍的背面约 1/3 处(图 6-2)。

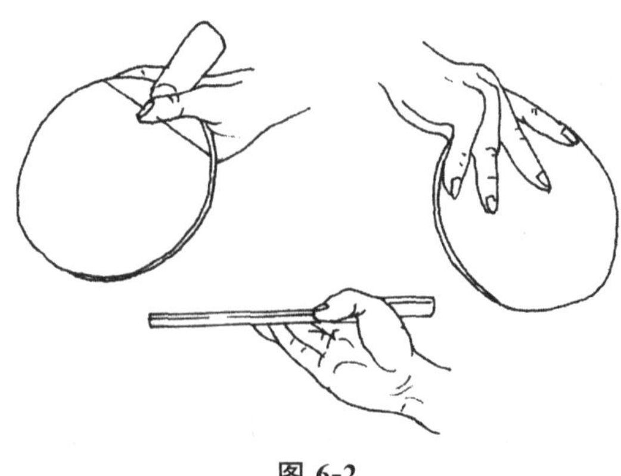

图 6-2

(3)直拍横打握拍法:拇指斜向轻压拍面,拍柄的左侧紧贴虎口,食指伸直轻按于右侧拍沿上;其他三指伸展开来,中指和无名指指尖抵住板面,夹紧球板固定板型并形成合力(图 6-3)。

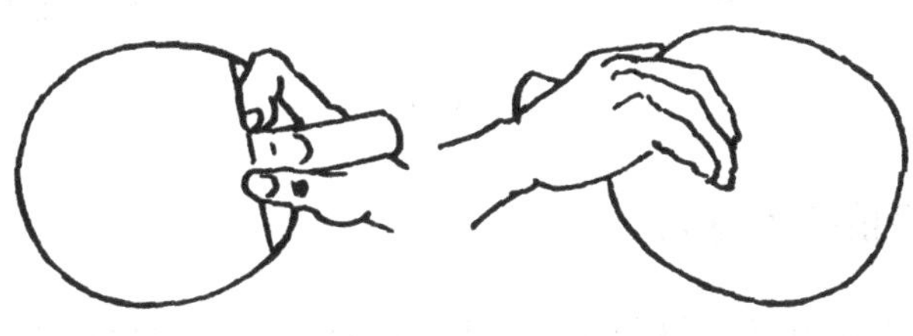

图 6-3

2.横拍握法

横拍握的特点是正反手转换更加顺畅,攻球力量大,从人的生理角度上看没有明显漏洞。另外,横拍握拍在攻削球时握法变化小,反手攻球容易发力,由此便成为欧洲两面弧圈型打法的标准握拍法。不过横拍握法也不是完全没有缺点,如在正反手交替击球时,需变换击球拍面,调节拍形幅度大,易被对方识破。

横拍握拍方法是中指、无名指和小指自然弯曲握住拍柄,虎口贴住拍肩;拇指在球拍的正面轻贴于中指旁,食指自然伸直,斜放于球拍背面。深握时,虎口紧贴球拍(图 6-4)。浅握时,虎口轻微贴拍(图 6-5)。

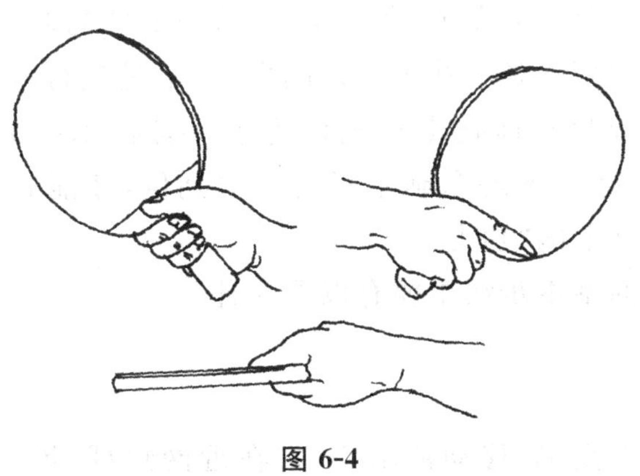

图 6-4

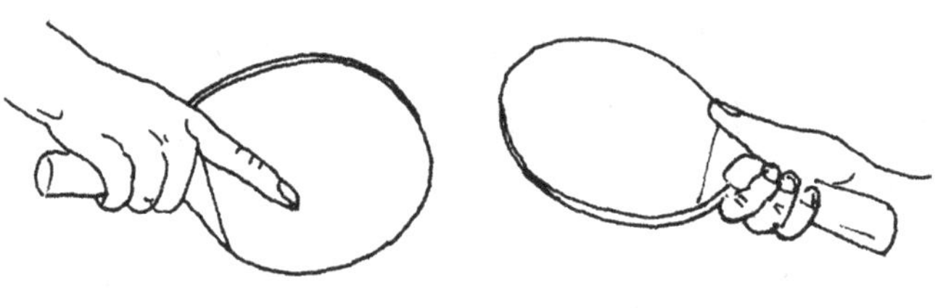

图 6-5

（二）握拍技术练习

（1）教练员示范正确的握拍技术，运动员认真观察。

（2）徒手模仿练习，检查自己握拍时各手指的位置以及用力情况。

（3）两人一组，分别用正、反手握拍平提球或正手攻球，相互纠正错误的握拍动作。

（4）观看优秀乒乓球运动员握拍技术的录像。

（5）两人一组，进行移动托球或相距 2 米对托击球。

（6）观看录像，体会优秀乒乓球运动员握拍技术的要点。

二、基本步法

（一）基本步法分析

现代乒乓球技术理论中认为步法是“乒乓球运动的生命”。步法实际上就是合理的移动，步法移动是击球的基本环节之一，是正确使用和衔接各项技术动作的枢纽，更是执行各项战术的有效保证。传统乒乓球技术理论认为手臂是技术的关键，而实际上，现代乒乓球技术理念确定只有移动到位，才能有较为舒适的体位施展手臂上的“功夫”。

乒乓球的基本步法主要有以下几种。

1. 单步

单步动作简单、移动范围小，常在近网短球、推挡球、侧身攻球以及球落点位于中路稍偏左等时常用。以一只脚为轴，另一只

脚作支撑脚，支撑脚的脚尖调整指向移动方向，远离来球方向的脚在体前交叉，向来球方向跨出一大步，身体随之向来球方向转动，支撑脚跟着向来球方向再迈一步，即完成前交叉步；后交叉步是在体后完成交叉动作（图 6-10）。

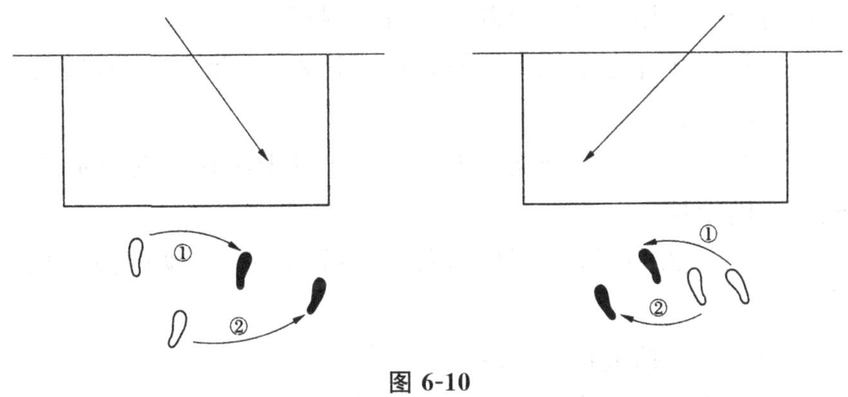

图 6-10

6. 侧身步

侧身步，是指当来球逼近练习者身体或来球在练习者反手位时，练习者侧身正手攻球的移动步法。运动中，练习者可根据来球距自己身体的远近采用单步侧身、并步侧身、跨步侧身或交叉步侧身。

7. 小碎步

小碎步是练习者向前后左右的高频率的小跑步移动步法，是以上几种步法的组合形式，它能迅速地调节身体重心、调节击球位置、击球时间、击球力量，具有起动快、发力大、击球准的特点。这种结合步移动范围比任何一种步法都大，便于攻防的转换需求，能灵活地运用于各种打法。

（二）基本步法练习

（1）单个或组合步法的模仿练习，如挥拍做跳步、并步结合侧身步、侧身步结合交叉步等。

（2）看手势练习快速变换前、后、左、右移动。

(3)做规定步法的次数或组数练习,或做规定时间的步法练习。

(4)做步法与手臂摆速的结合练习,如站于每张球台边线一端。听口令后,练习者采用并步、交叉步、或小跑步、并步结合跨步等步法移动,用一只手或两只手分别触摸边线两端。

(5)加强腿部力量练习,采用蛙跳、蹬跨、单足起、杠铃蹲起等练习提高爆发力。

(6)观看优秀乒乓球运动员录像,学习步法移动时重心的移动、步法的衔接。

(7)3~4 人一组,1 人供球,其余人按顺序在移动中做对托球练习。

(8)结合挥拍进行步法练习。

(9)观看录像,学习优秀乒乓球运动员的重心移动和步法衔接。

三、准备姿势

(一)准备姿势分析

对于任何一项体育运动来说,准备姿势都是技术运用的起始状态。良好的准备姿势可以为后面的技术动作提供充足的准备。乒乓球运动速度较快,对练习者的反应速速有着较高的要求,正确的基本姿势能保证击球者迅速移动、选择合理的击球位置、有效地完成击球动作。在乒乓球运动实践中,准备姿势只是一个参考动作,并没有一个统一的标准,这主要是因为击球者的身体条件和技术特点不同导致的,有时候准备姿势的差异还与个人习惯有关。但无论何种姿势,都应包括以下几个方面。

(1)下肢:两脚开立,身体位于两脚之间或比肩略宽,但不宜超过肩宽的 1.5 倍,身体重心位于两脚间,稍保持在稍靠前的腿上;两脚的前脚掌内侧着地,脚跟略提起,以便于快速起动。

(2)躯干:上体稍前倾,适度收腹含胸。既不能站得过直,重心过高,也不能挺出腹部,全身松散,以免降低动作的灵活性、影响击球。

(3)上肢:两肩基本同高,保持自然,避免耸肩,未击球时不应刻意地沉肩,下颌稍向后收,两眼注视来球;持拍手臂自然弯曲,置于身体右侧,大臂与躯干的夹角成 60°左右,上臂与前臂的夹角接近 90°;手腕放松(但不能无力下垂而形成"吊腕"),持拍于腹前偏右侧,离身体约 30～35 厘米。侧身抢攻较多的练习者,持拍手的位置应更偏正手位;球拍位于台面水平面上,非持拍手自然放于腹前,与持拍手基本同高。

(二)准备姿势练习

(1)看手势做徒手模仿练习,由准备姿势开始向各个方向移动,要求在移动过程中保持重心平稳。

(2)做规定板数的推、攻、搓技术练习,体会不同的击球技术中的正确准备姿势。

(3)结合步法进行准备姿势的训练,可由准备姿势开始向各个方向移动,主要在移动中保持重心平稳。

(4)观看优秀乒乓球运动员的录像,建立准备姿势的正确概念。

四、发球技术

(一)发球技术分析

发球是每一个乒乓球回合的开始,此外,由于发球是整个比赛过程中唯一不受对方干扰的技术环节,因此,一个好的发球无疑就成为了球员的有力武器。

在发球时,发球者可根据自己的战术意图或需求自由选择合适的站位,并可在规则范围内发出各种不同力量、速度、旋转、路线、落点的球，以达到控制对方抢先上手进攻，创造得分机会的目的。纵观现代乒乓球的发球技术主要有以下几种。

1.发平击球

(1)正手发平击球：以左脚在前的近台站位为例，身体稍微右转，重心偏右脚。左手的掌心托球放于体前偏右侧，右手持拍于身体右侧。左手将球向上抛起，同时右臂稍向后引拍；当球开始回落时，持拍手由身体的右后向前挥拍；在球下降接近球网高度时，将拍形稍前倾，击球的中上部。击球后，前臂和手腕应随势向前挥动，身体重心随之移向前面的脚。

(2)反手发平击球：以右脚在前的近台靠中线偏左站位为例，身体稍微向左转，左手掌心托球放于身体前方偏左侧，右手持拍于身体前方。左手将球向上抛起，同时右臂外旋，并向身体左侧后方引拍；当球开始回落时，持拍手由身体的左侧后方向右前方挥拍，拍形稍前倾成半横状；在球下降接近球网高度时，击球的中上部，同时向右前方发力。击球后，手臂随势前挥，身体迅速还原，重心随之移至前面的脚。

2.发转与不转球

(1)正手发转与不转球：以右手持拍、站位靠近左半台为例，左脚在前，右脚在侧后，抛球的同时持拍手向后上方引拍。要求拍面后仰，手腕适当外展，手臂放松，腰向右转。当球降至球网高度时，持拍手迅速用力向前或向下挥拍，发球后快速还原至准备姿势，以备下一次击球。

(2)反手发转与不转球：以右脚在前、左脚在后为例，向上抛球的同时持拍手向左后上方引拍，身体随之左转，球拍稍后仰。当球下落时，手臂自左上方向右下方挥拍，在球拍触球的瞬间加大前臂、手腕手指的爆发力，增强球的摩擦力量。发球后快速还原至准备姿势，以备下一次击球。

3. 发奔球

(1)正手发奔球：以左脚在前的近台站位为例，左手掌心托球放于身体前方稍微偏右侧，身体略向右转，将球抛起后，持拍手向右后方引拍，前臂放松，使球拍顺势下降，当球降至约与球网高度相同时，手臂迅速向左前方挥动，拇指压拍，使拍面略向左偏斜。拍触球的同时手腕向左上方抖动，使拍从球的右侧中上部摩擦，球的第一落点靠近端线处。击球后前臂和手腕随势前挥。

(2)反手发奔球：以右脚在前的站位为例，身体稍向左转，左手掌心托球置于身体前方偏左侧，持拍手置于体前。抛球的同时持拍手向左后方引拍，拍形稍前倾，当球降至约与球网相同高度时，用前臂和手腕发力，击球左侧中上部，拍触球的同时前臂加速向右前上方横摆，手腕抖动使拍面摩擦球，第一落点靠近本台端线。击球后前臂和手腕随势前挥。

4. 发侧旋球

(1)正手发左侧上(下)旋球：以正手发左侧上旋球为例，左脚在前，持拍手抛球的同时向右上方引拍，手腕略向外展；球回落时，右手迅速向左下方挥动，食指压拍，拍面略向左偏斜约与球网相同高度时击球，前臂和手腕用力向左挥动，同时前臂略向外旋，使拍从球的正中部向左侧上摩擦，拍触球的刹那间，前臂略向外旋，球的第一落点靠近端线。

发左侧上旋球与发左侧下旋球的区别在于手臂应从右后方向前下挥动，使拍从球的中下部向左侧下摩擦。

(2)反手发右侧上(下)旋球：以反手发右侧上旋球为例，右脚稍前，持拍手位于身前，持球手位于身体左侧。发球时，拍与球接触的刹那间，前臂带动手腕用力向右下方挥动，同时前臂略向内旋，拇指压拍，使拍面逐渐向左倾斜，使拍从球的正中部向右上方摩擦，球的第一落点靠近端线(图 6-11)。

反手发右侧上旋球与反手发右侧下旋球的区别在于触球瞬

间，拍面略后仰，拍从球的中下部向右侧下摩擦。

图 6-11

5. 高抛发球

（1）正手高抛发球：正手高抛发球首先应注意抛球的稳健性，抛球手的肘部要贴近身体左侧，尽量让球在抛起时接近于垂直状态，使球在身体的右侧前方降落。当球下降至大约与头部高度相同时，持拍手由右上方向左下方挥动。其次，练习者要避免击球点离身体过远，一般在右侧腰前 15 厘米左右为宜。对于不同的正手高抛发球，应分别注意以下几点。

①发左侧上旋球时，注意球拍从球的右侧中下部向左侧上部摩擦。

②发左侧下旋球时，注意球拍从球的右侧中下部向左侧下部摩擦。

③发直线长短球时，注意球拍击球高度和用力方向、拍形变化及第一落点一气呵成，增强发出的球的威胁性。

（2）反手高抛发球：多采取右脚在前，左脚稍后的站位。持拍手同力向上抛球，当球开始下降时，持拍手向左上方挥拍，上体略左转，以增大击球的距离。对于不同的反手高抛发球，应分别注意以下几点。

①发右侧上旋球时，注意当球下降到头部高度时，持拍手从左上方经身前向右下方挥拍，球拍触球的左中下部并向右侧上部摩擦。击球瞬间手腕由左向右挥动可增大球的旋转。

②发右侧下旋球时，注意持拍手从左后上方向前下方挥摆，使球拍从球的左侧中下部向右侧下部摩擦。击球瞬间手腕由左向右挥动可增大球的旋转。

（二）发球技术练习

（1）徒手做抛球及发球前的准备动作练习。

（2）在台前的发多球练习。

（3）练习中要尝试各种旋转和各种旋转强度的发球练习，做到可以随心所欲地发出不同旋转方向和强度的球。

（4）规定距离，如离墙 2 米，对墙做各种发球练习。

（5）规定手法，如同一手法发不同旋转和落点的球。

（6）不同的发球练习结合进行。练习发斜线球，后练习发直线球；先练发不定点球，后练发定点球。

（7）观看优秀乒乓球运动员的录像，体会其发球要点。

五、接发球技术

（一）接发球技术分析

乒乓球接发球技术是一项被动中求主动的技术。接发球者应力争破坏对方的发球，限制对方特长技术的发挥。接发球技术的好坏对接发球者在比赛中能否变被动为主动非常重要。如果接发球技术不好，就很容易给对方造成较多的进攻机会或因技术差而导致紧张、引起不必要的失误。

（1）接上旋（奔球）球时，可采用正反手攻球或推挡回接，接发球时拍面适当前倾，击球的中上部。

（2）接下旋长球时，可用搓球、削球、提拉球回接，搓或削球时多向前用力。

（3）接转与不转球时，如果判断不准，可轻轻地托一板或撇一板，但要注意弧线和落点。

（4）接左侧上、下旋球时，可用攻球和推挡（搓球或拉球）回接，接发球时拍面稍前倾（后仰）并略向左倾，击球偏右中上（下）部位，以抵消来球的旋力。

(5)接右侧上、下旋球时,可用攻球或推挡(搓球或拉球)回接;接发球时拍面稍前倾(后仰)并向右偏斜,击球偏左中上(下)部位;其他同接左侧上、下旋球。

(6)接近网短球时,可用快搓、快点或台内突击回接,接发球时主要靠手腕和前臂的力量击球。

(二)接发球技术练习

(1)固定一种技术(如推挡、削球、搓球等)去接对方的单一发球。

(2)练习回接对方的平击发球。

(3)练习接对方用近似手法发出的两种不同旋转的球,以提高适应能力。

(4)练习用不同的技术方法回接对方发来的旋转球,以提高适应能力。

(5)由定点定性能的接发球练习逐渐过渡到不定点不定性能的接发球练习,以加强对对方来球旋转和落点的判断。

(6)两人一组进行发球和接发球练习,提高防御对方强攻的能力。

六、推挡球技术

(一)推挡球技术分析

1.快推

以在球台中间或偏左、身体距台约40厘米的站位为例。该技术要求练习者两脚平站或右脚稍微向前,两膝微屈,收腹含胸,身体向前或稍微向左转。右上臂和肘关节靠近身体右侧,手臂自然弯曲引拍至身前或偏左,与此同时,前臂外旋,使拍面稍前倾,当对方的来球从台面上弹起后,前臂和手腕向前或向前兼略向上挥拍迎球，在来球的上升前期，以稍前倾的拍形推击球的中上部。击球瞬间，前臂和手腕自然向前或向前兼略向上发力，并主要借用来球的反弹力量将来球快速击回。击球后，手和臂顺势向前挥动，并迅速还原成准备姿势以备下次击球。快推技术动作过程中，身体重心始终放在双脚上(图 6-12)。

图 6-12

2. 挡球

(1)正手挡球：以在球台中间或偏左、身体离台约 40～50 厘米的站位为例。该技术要求练习者两脚开立，左脚略前，两膝微屈，收腹含胸，上体略向右转。右臂自然弯曲并内旋，使拍面接近垂直，置于身体右侧前方。当对方的来球从台面弹起后，前臂向前，以拍迎球，在来球的上升期，以接近垂直的拍形推击球的中部。只以前臂和手腕轻轻用力，借助来球的反弹力将来球挡回。击球后，手和臂顺势前挥，并迅速还原成准备姿势以备下次击球。

(2)反手挡球：以在球台中间或偏左、身体离台约 40～50 厘米的站位为例。该技术要求练习者两脚开立，比肩稍宽，右脚略前或两脚平站，两膝微屈，收腹含胸，上体略向左转。右臂自然弯曲引拍至身体前方或略偏左，同时前臂外旋，使拍形接近垂直状态。当来球从台面弹起后，前臂向前，以拍迎球，在来球的上升期，以接近垂直的拍形推击球的中部。击球瞬间只以前臂和手腕轻轻用力，主要借助来球的反弹力将来球挡回。击球后，手和臂顺势前挥，并迅速还原成准备姿势以备下次击球。

3. 推挤

该技术要求练习者看准来球，在来球触台后弹起的上升期，触球的左侧中上部，沿球体向左下方用力，以摩擦为主。

（二）推挡球技术练习

(1)徒手模仿推挡练习，体会击球的动作要领。

(2)挥拍模仿推挡练习，体会击球的动作要领。

(3)离墙 2 米，对墙推挡练习。

(4)两人一组进行对推练习。

(5)两人一组，一人以平击发球喂球，另一人挡平击发球。

(6)两人一组，一人攻球，另一人推挡对方攻球。

(7)两人一组，一人一点推两点，另一个两点推挡一点。

(8)两人一组，进行推落点练习，由一点推对方球台不同落点。

(9)进行各种推挡球方法的结合练习。

(10)两人在球台中间对练挡球，不限落点，要求动作正确且击球过网。

(11)两人在球台中间对练挡球，固定中路直线，要求逐渐过渡到稍加力。

(12)观看录像，学习优秀乒乓球运动员的推挡球技术。

七、攻球技术

（一）攻球技术分析

1. 正手攻球

(1)正手快攻：以右手持拍为例，身体离球台约 40 厘米左右，左脚稍前，重心放于右脚。击球前，将拍引向右侧，引拍适度，上体与臂夹角为30°～40°，前臂自然弯曲，与上臂的夹角约110°～120°，球拍呈半横状。当来球从台面弹起，前臂和手腕向前上方挥动，并配合内旋转腕的动作，使拍形前倾，在上升期击球中上部。拍触球瞬间，前臂用力收缩，手腕加快内旋速度，拇指压拍，使拍面沿球体作弧形挥动。直握拍者，拇指稍用力压拍，控制拍形，中指和无名指辅助发力并决定发力方向；横握拍者，靠食指调节弧线。击球后，挥拍至头部高度，调整重心，迅速还原至准备姿势以备下次击球(图6-13)。

图6-13

(2)正手快带：左脚稍前，身体重心放于右脚，身体稍向右转。击球前适当拉开上臂与上身的距离，前臂、手腕自然弯曲。拍面前倾并固定手腕，使球拍高于击球点。击球时，动作要小，要求腰髋带动上体向左转动，在球的上升期击球的中上部。以前臂为主向前迎球，并利用来球前进的力量将球带出。快带中适当控制球的速度和落点变化有利于从被动转为主动。

(3)正手快拉：击球者左脚稍前，身体离球台约60厘米。击球前，持拍手臂向右后下方引拍，球拍以半横状下垂，拍形稍后仰。当来球从高点开始下降时，上臂由后向前上方用力挥动。即将触球前，前臂加速用力向左上提拉，同时配合手腕动作在下降期击球中部或中下部向上摩擦球，触球瞬间拍形接近垂直。若遇来球低或下旋球较强时，腰部应配合向上用力。击球后随势挥拍至额前，重心移至左脚并迅速还原成准备姿势以备下次击球。

(4)正手突击：视来球高低和下旋力的强弱，决定拍形和用力方向。当来球下旋强烈，拍形可稍后仰，触球中下部，触球同时多向上用力摩擦球；当来球稍带下旋，拍形可与台面垂直，触球中部，向前上方用力；当来球不转，拍形可稍前倾，触球中部稍稍偏上，用力方向以向前为主。要求整个突击动作在腿、腰、髋和上臂协调发力的基础上，以前臂主要发力配合完成。

(5)正手扣杀：以横板为例，扣杀球时击球者多选择在球台中间或偏左，近台位置的站位。左脚稍前，两脚距离稍宽，身体重心放于右脚，两膝微屈，收腹含胸，腰、髋及上体稍向右转；右臂自然弯曲，前臂后引拍至身体右侧偏后，适当加大引拍距离，同时前臂内旋，使拍稍前倾。当来球从台面弹起后，腰、髋带动身体及上臂向左转动，同时，上臂积极发力带动前臂和手腕向左前方挥拍，在来球的高点期以前倾拍形猛击球的中上部。击球瞬间，上臂和前臂向左前方发力，腰、髋积极协助用力。击球后，手和臂顺势向左前方挥动，并迅速还原成准备姿势以备下次击球(图 6-14)。

图 6-14

2. 反手攻球

(1)反手快攻：击球者右脚稍前，身体离球台大约 40 厘米。持拍手臂自然弯曲，将球拍移至腹前偏左位置。击球时，前臂和手腕向右前上方挥动，同时配合外旋腕动作使拍形向前倾，在来球的上升期击球的中上部。击球后，随势将球拍挥至右肩前，并迅速还原成准备姿势以备下次击球。

(2)反手远攻：击球者右脚稍前，身体离球台 1 米以外。击球前，持拍手的上臂和肘关节尽量靠近身体，前臂向左下方移动，把球拍移至腹前偏左的位置，使拍形稍微后仰。击球时，手臂由后向前挥动，前臂在上臂带动下向前上方用力，同时配合向外转腕动作，在来球的下降期击球中下部。击球后，大臂随势向前送，肘关节离开身体，将拍挥至头部高度，同时身体重心移至右脚还原成准备姿势以备下次击球。

(3)反手快带：击球者站位近台，两脚几乎平行，上臂尽量靠近身体。击球前，前臂迅速伸入台内迎球，拍面尽量前倾且用手腕固定，要求球拍应略高于来球。击球时，在来球上升期击球的中上部，借助来球的前进力用力还击或根据来球旋转的强弱适当加力。击球动作强调落点变化和长短结合，以争取主动。快带斜线时，球拍触球中左部，前臂由后向前向右下挥摆；快带直线时，触球中部，前臂由后向前向下挥摆并调节用力以控制回球的长短。

(4)反手反撕：击球者右脚稍前或两脚平行站立，两膝微屈，收腹含胸，身体稍向左转。击球前，将球拍引至腹前偏左处，上臂与前臂约成130°，肘关节略向前，拍面近乎处于垂直状态。击球时，上臂贴近身体，前臂向右上方挥动，同时腰、髋带动上体向右转动，在来球的下降前期击球的中下部。击球瞬间，手腕向上转动使拍面摩擦球。击球后球拍随挥至头部并迅速还原至准备姿势。

(5)反手扣杀：以直握拍者为例，上臂靠近身体，右脚稍前同时前臂做旋外动作，拍形稍垂直。触球瞬间身体重心上提，食指压拍，拇指放松使拍形稍前倾，在球的高点击球的左侧中上部，前臂快速向右前方发力击球(图6-15)。

图 6-15

(二)攻球技术练习

(1)徒手模仿正、反手攻球,体会挥臂、扭腰和重心转换等动作要领。

(2)2 人对攻中路直线或 2 人对攻斜线。

(3)2 人对练,一人挡球,另一人练习直拍横打技术;或一人自抛自攻,另一人用挡球回击;或一人正(反)手攻球,一人推挡回击;或一人一点攻两点,另一人两点推挡一点。

(4)站位近台中偏右(左),在右(左)角端线附近自抛自攻对方右(左)边斜线。体会前臂和手腕动作要点。

(5)做回单点或回固定点的正反手摆速练习。

(6)做正、反手三点攻练习。

(7)两人一组,一人平击发球一人攻球,打一板后再重新发球。

(8)结合步法徒手模仿攻球。

(9)拉中突击结合放短球。

(10)观看录像,学习实战中优秀的乒乓球运动员的攻球技术。

八、弧圈球技术

(一)弧圈球技术分析

1. 正手弧圈球

(1)正手加转(高吊)弧圈球:击球者两脚分开,两膝内收微屈,重心放于前脚内侧,左脚在前,稍微提起脚后跟,身体略右转,手腕外展后拉引拍至右后方,当来球跳至高点期或下降前期时,腰髋带动上臂、前臂由后向前挥动击球的中上部或中部,击球瞬间向前上方发力,与此同时右脚掌内侧用力蹬地,稍伸膝,重心随之由右脚转向左脚(图 6-16)。

图 6-16

(2)正手前冲弧圈球:以击球者为直握拍者为例,击球前前臂在腰、髋的带动下向右后方引拍,身体重心移至右脚,比拉加转弧圈球时稍高。当球拍与来球高度相同或稍低于来球时,拍形稍前倾于拉加转弧圈球,手腕屈(横握拍者手腕内收);击球时,前臂在腰、髋和大臂的带动下在来球的上升后期和高点期,在身体侧前方向左前上方挥拍,以向前为主,略向上发力摩擦击球的中上部。击球瞬间,肘关节约呈 110°～140°,手腕伸(横握拍者手腕外展),手指手腕快速摩擦球;击球后手臂随势向左前上方挥动,保证力量充分作用到来球上,并迅速还原以备下次击球(图 6-17)。

图 6-17

2.反手弧圈球

(1)反手加转(高吊)弧圈球:以在球台偏左部位,距台约 60

厘米的站位为例。该技术要求练习者两脚基本平站，左脚稍前，右脚稍后，身体重心落双脚，双膝微屈，腹内收，腰、上身略向左转，前臂置腹前自然弯曲，手腕稍向后拉，引拍至腹部左侧下方，肘关节略向前，屈手腕，拍下垂，拍形稍前倾，重心略左脚，于球下降前期触球中上部，触球瞬间脚用力蹬地，伸膝、转腹，腰髋带动上、前臂向前上方发力，拍撞球后迅速转为向前上方摩擦，重心略上提前移并转至右脚，迅速还原成准备姿势以备下次击球。

(2)反手拉前冲弧圈球：两脚分开，右脚略前，重心置于左脚，上体稍微左转，手臂自然弯曲，肘关节略近身，手腕内收，前臂外旋引拍至向左后方，拍形前倾。当来球弹起于高点期或上升后期时，触来球的中上部，随后腰髋由左向右前上方转动，上臂带动前臂，以前臂为主加速向前略向上摩擦球，触球后，手腕向前加力摩擦，重心由左脚转至右脚，迅速还原成准备姿势以备下次击球。

(二)弧圈球技术练习

(1)徒手模仿拉弧圈球技术的动作。

(2)在原地做上肢徒手动作的基础上，结合下肢步法做移动中的模仿练习。

(3)单个动作练习，规定一人发球，一人练拉弧圈球，然后再重新发球。

(4)一人挡球，另一人练连续拉弧圈球。

(5)一人削球，另一人练连续拉弧圈球。

(6)两人一组，一人发中路出台的下旋球，另一人连续拉弧圈球。要求动作准确，多摩擦少撞击。

(7)2 人对搓，固定一人搓中拉弧圈球。

(8)在练习弧圈球技术时应增加单项技术与其他技术的结合练习，如发球后第三板的弧圈球抢攻、接发球抢拉以及弧圈球结合扣杀等。

(9)交替练习拉加转弧圈球和前冲弧圈球。

(10)观看录像，体会优秀乒乓球运动员拉弧圈球时对拍形、用力、击球时间、击球点等的处理。

九、搓球技术

（一）搓球技术分析

1. 快搓

（1）正手快搓：击球者肘部自然弯曲，手臂外旋使拍面角度稍后仰，后引动作较小。当来球跳至上升期时，利用上臂前送的力量，与手腕配合发力，触球的中下部并向前下方用力摩擦球。

（2）反手快搓：与正手快搓基本相同、方向相反。

2. 慢搓

（1）正手慢搓：击球者左脚稍前、身体稍向右转。前手臂向右上方引拍，前臂带动手腕向左前下方用力，在来球下降后期击球的中下部。直拍者反手搓要以食指和中指用力为主，同时拇指配合发力；横拍者则应将拇指和食指的协调发力充分结合起来（图 6-18）。

图 6-18

（2）反手慢搓：与正手慢搓相同、方向相反。

3. 摆短

摆短在实战比赛中的运用非常普遍。质量较高的摆短可以有效控制对方的上手进攻，其中以摆短至对方左右两边的“小三角”位置为最佳。另外，从战术的角度上讲，如果对方的步法和处理台内球的技术有缺陷，将球摆短可以调动对方到台前，迫使对方回球质量降低。

(1)正手搓球摆短:击球者右脚前移,靠近球台,球拍向右侧后方引,拍面稍后仰,在来球的上升期击球的中下部,前臂向前下方挥动,同时手腕适当配合发力。击球后,随挥动作应稍小,并迅速还原至准备姿势。

(2)反手搓球摆短:击球者身体前移,靠近球台,球拍略向左后引至腹前,拍面稍后仰,在来球的上升期击球的中下部,前臂向前下方挥动,同时手腕适当配合外展发力。击球后,随挥动作应稍小,并迅速还原至准备姿势。

(二)搓球技术练习

(1)徒手模仿搓球动作。

(2)自己抛球,当球弹起后将球搓过网,反复练习。

(3)一人发下旋球,另一人将球搓回。

(4)两人一组,两人对搓中路直线,再对搓斜线。

(5)两人一组发下旋球,一人正(反)手搓对方两点,另一方正、反手搓对方正(反)手一点。

(6)将搓球与与之有紧密联系的技术结合练习,如搓球后抢攻,或是将摆短与劈长结合练习。

十、削球技术

(一)削球技术分析

削球在20世纪中期一度成为世界乒坛的主流打法,这主要与当时的技术理念和器材发展水平有关。随着海绵胶皮的问世以及弧圈球打法的显露头角,过往单纯依靠削球等待攻方失误的打法完全没有了生存空间。直到现在,世界优秀的削球选手已经屈指可数。不过,尽管削球打法失去了广阔的生存空间,但削球技术仍旧被许多选手所掌握,作为应变或改变场上节奏,起到出其不意效果的技术使用。

1. 正手削球

正手削球时练习者应两脚开立，左脚稍前，两膝弯曲，身体略向右转，手臂向右后上方移动，重心落在右脚。击球前，手臂自然弯曲，引拍至右肩侧，使拍面后仰；击球时，持拍手上臂带动前臂由右上向左前下方加速切削，同时手腕向下转动用力，在右侧离身体 40 厘米处，在来球下降期摩擦球的中下部；击球后，手臂顺势挥至右侧下，迅速还原成准备姿势。

2. 反手削球

(1)近削：击球前，前臂上提，球拍稍竖；击球时，以前臂发力为主，手腕配合向前下方压球，在来球高点期或下降前期摩擦球的中部或中下部；击球后无前送动作。

(2)远削：击球前，前臂上提，增大用力距离，引拍时动作适当加快；击球时，上臂带动前臂发力，球拍由上向前下方挥动，在来球下降后期摩擦球的中下部。

3. 削追身球

(1)正手削追身球：以来球在身体中间偏右为例，击球者应右脚后撤，含胸收腹，向右后转腰。上臂靠近身体，前臂稍外旋向右上方引拍，拍面竖立，上臂带动前臂向下用力压球以控制球弧线，在下降前期击球的中部或中下部；击球后手臂向下挥拍，放松后还原成准备姿势(图 6-19)。

图 6-19

(2)反手削追身球:与正手削追身球基本相同、方向相反。

(二)削球技术练习

(1)徒手模仿挥拍练习。

(2)用正、反手削对方的直线或斜线球。

(3)正手和反手结合向固定落点削球。

(4)逼角后结合变线。连续削逼左(右)角,突然变线回右角(左)。

(5)搓削结合与削攻结合练习。

(6)观看录像,体会优秀乒乓球运动员的削球技术动作要点。

第三节 乒乓球进阶技术技巧探索

乒乓球基础技术是顺利参与乒乓球运动必须掌握的技术内容。在完全掌握基础技术后,为了进一步提高乒乓球运动水平,对于技术的练习就要向更高的层次迈进,即练习乒乓球进阶技术。

一、发球高级技术

发球技术的重要性不必多说,现代众多优秀选手都苦心研究发球技术,以此力求最大化地发挥出发球的威力。期间,各种新型发球技术问世,其中具有代表性的发球有下蹲式发球和逆旋转发球。

(一)下蹲式发球

下蹲式发球是近些年来世界乒坛出现的较为新颖的发球方式,它具有极强的动作迷惑性和突然性,给接发球选手对来球的旋转判断造成困难。下蹲式发球的代表人物为德国选手奥恰洛夫、日本选手松平健太以及我国女子选手丁宁。

下蹲式发球可根据发出球的旋转而定，具体如下。

(1)下蹲发右侧上旋球和右侧下旋球：以左脚稍前、右脚稍后的站位为例，身体略向左偏斜，球向后上方抛起，将球拍上举至肩高，同时两膝弯曲成深蹲状，当球下降至头部高度时，持拍手快速由左向右挥拍，手腕放松，挥拍路线呈半圆形。下蹲发右侧不同方位的球时应注意以下两点。

①发右侧上旋球时，拍从球的左中部向右上摩擦，越网后向对方偏左侧前进。

②发右侧下旋球时，拍从球的正中部向右下摩擦，越网后向对方偏左侧前进。

(2)下蹲发左侧上旋球和右侧下旋球：以身体正对球台的站位为例，抛球时，持拍手向右下方引拍，两膝弯曲成深蹲状，当球下降至头部高度时，持拍手由右后方向左前方挥拍。下蹲发左侧不同方位的球应注意以下两点。

①发左侧上旋球时，拍从球的右中向左侧上摩擦，越网后向对方偏右侧前进。

②发左侧下旋球时，拍从球的正中向左侧下摩擦，越网后向对方偏右侧前进。

(二)逆旋转发球

逆旋转发球作为历史不长的发球技术，一经问世便使众多乒乓球优秀选手争相练习。逆旋转发球具有较强的动作迷惑性，可给接发球选手对来球的判断造成困难。从技术原理上来说，以右手选手对右手选手为例，发球方的发球顺力方向为由右向左，由此摩擦方向发出的球的旋转为左侧旋转球，这种旋转由于经常被采用，因此被称为“顺旋转”。而逆旋转发球顾名思义就是发球的旋转与顺旋转发球相反，即球为由左向右旋转，为右侧旋球。这种改变了旋转的发球对于接发球方来说是极为困难的。接逆旋转发球的难点在于击球点通常为旋转的最大效能区，在这一区域内触碰来球会使球自身的旋转效果最大化的产生，如此造成的直接后果就是接发球方很容易受到来球旋转的影响造成接发球质量不高，俗称“吃转”。逆旋转发球的代表人物为德国选手波尔、丹麦选手梅兹。

以右手持拍为例，逆旋转发球的技术动作为：站反手位，左脚在前，双膝微屈，引拍时后肘部抬起，手腕应向内后引动，触球瞬间依靠手腕的快速抖动向外侧充分摩擦球发力。注意发侧下旋时，触球的中下部，用力方向多为向下；发侧上旋时，触球的右侧上部，用力方向多为向前向上。

二、推挡球高级技术

（一）加力推

加力推是在推挡的技术基础上进一步加力，使原本带有防守性质的推挡技术的攻击性大增。由于加力推技术会突然改变回合节奏，因此其失误的概率较大，需要勤于练习。加力推技术的代表人物为我国选手马琳、韩国选手柳承敏。

以在球台中间或偏左、身体离台约 50 厘米的站位为例。该技术要求运动员两脚平站或右脚稍前，两膝微屈，收腹含胸，身体向前或稍微向左转。右上臂和肘关节靠近身体右侧，前臂外旋并向上提起将引拍至身前或偏左，当球拍引至球网同高或略高时，拍面稍前倾。看准来球，来球飞越球网时，上臂、前臂和手腕向前挥拍迎球，同时，腰、髋向左转动，在来球的上升后期或高点期，以前倾拍形推击来球的中上部。击球瞬间，上臂、前臂和手腕向下方发力推压，腰、髋协助用力。击球后，手和臂顺势向前下方挥动，并迅速还原成准备姿势以备下次击球（图 6-20）。

图 6-20

（二）减力挡

减力挡技术也是在推挡技术的基础下通过适当减力形成的。它的应用时机为面对对方凶猛的进攻，通过减力挡技术造成的"吸短"效果使节奏突然放慢，打乱攻方的连续进攻节奏，为本方实现防守反击提供可行的机会。减力挡的代表人物为我国选手马琳、瑞典传奇球员瓦尔德内尔。

以在球台中间或偏左、身体离台约 40 厘米的站位为例。该技术要求运动员两脚平站或右脚略前，两膝微屈，收腹含胸，身体向前或稍微向左转。右上臂和肘关节靠近身体右侧，手臂自然弯曲引拍至身前或偏左，同时前臂外旋，使拍面稍微向前倾。当来球从台面弹起后，前臂和手腕向前挥拍迎球，在来球的上升期，以前倾拍形推击来球的中上部。球拍击球瞬间，前臂和手腕轻轻后移，以减小来球的反弹力使其轻轻飞回。击球后，迅速还原成准备姿势以备下次击球。

三、弧圈球高级技术

（一）侧旋弧圈球

弧圈球的特点在于其本身具备超强的速度和旋转双重属性。在实战中，过于"规矩"的弧圈球在水平相当的选手对决中已经不再像过往那样具有威胁。因此，在拉弧圈球时加入一些侧旋转，则可以制造出带有快速、旋转和诡异弧线三重属性的威胁球。加入侧旋后的击球会在空中划出明显的左或右的弧线，在实战中加入左右弧线的来球会增加接球员回接的角度。如今在高手之间的比赛中，侧旋弧圈球的使用已经越发增多了。

以右手持拍为例，拉侧旋弧圈球的动作为左脚稍前，重心放于右脚，前臂在腰、髋的带动下向右后下方引拍，身体重心置于右脚上，拍面对准回球方向，引拍位置要略低于拉前冲弧圈球，拉上旋球则与后者相同；击球时，右脚蹬地，同时腰向左转，前臂在腰、髋和大臂的带动下先由后下方向右侧前方，再向左前方挥拍。在来球的下降前期摩擦击球的右侧中部，挥拍线路是由后下方先向右侧前方，再向左侧前上方的一个横向的弧形路径，使球拍有一个内侧抖动的动作。手腕由内收转为外展，身体重心由右脚向左脚移动，上体要随势向内扭转来加大侧旋力量；击球后手臂向左前方随挥，并迅速还原以备下次击球。

（二）假弧圈球

弧圈球，即强烈的上旋球。在现代乒乓球技术中，弧圈球的应用范围非常广泛，它几乎成为所有乒乓球运动员的基本技术。而假弧圈球则是一种击球动作与弧圈球相似但球本身并没有过多上旋转的回球。因此，假弧圈球对对手具有极强的迷惑性，对方一旦将假弧圈球判定为真正的弧圈球而采取相应的技术方法回接时，必然会导致击球下网。假弧圈球技术的代表人物为瑞典传奇球员瓦尔德内尔以及我国选手马琳。

不过，在两名攻球选手的对阵中，能够打出假弧圈的机会并不多，而如果对方成功判定为假弧圈后，便做好充分的进攻准备，此时，在没有迷惑住对方的情况下，假弧圈的威力便完全丧失。假弧圈使用的时机通常为攻球选手面对削球选手时使用，主要原因在于削球选手的回球节奏较慢，如此使得攻球选手易于对比赛节奏的掌控，有充足的时间拉出假弧圈球，进而使削球选手因判断错旋转造成削球过高，给攻方造成绝佳的杀板机会。

以右手持拍为例，其技术动作与弧圈球几乎无异，不同点在于球拍触球的一刹那并不真正与球进行摩擦，而且将力更多地透过球心，给球施加一个类似“托”的力，将球托起。如此击出的球的旋转尽管带有上旋，但强度非常微弱。

四、台内高级技术

（一）搓侧旋

（1）正手搓左侧旋：手臂外旋使拍面后仰，前臂提起向身体右前方引拍，横握拍者手腕外展，直握拍者手腕作伸。当来球跳至高点期或下降前期，手臂加速从左前下方挥动，横握拍者手腕内收，直握拍者手腕作屈，击球的中下部并自右向左侧摩擦球。

（2）反手搓右侧旋：与正手搓左侧旋基本相同、方向相反。

（二）搓转与不转球

搓加转球与不转球主要取决于作用力线距球心的远近。若在搓球时加大引拍距离和拍面后仰角度，前臂、手腕加速用力切球，用拍下半部摩擦球薄一些，使击球的作用力线远离球心，则为加转球；若在搓球时缩短击球距离和减小拍面后仰角度，用拍上半部和中部碰撞球，使击球的作用力线接近球心，则为不转球。搓转球和搓不转球的动作相似，但前臂和手腕要多向前上方用力，用球拍的靠上部分或中间部分碰球，以形成相对的不转。

（三）台内拧技术

台内拧技术的创造很好地解决了反手台内不能起板进攻的缺陷。台内拧技术的突然性较强，而且通过手指手腕的变化可以拧出左侧旋、左侧下旋和左侧上旋三种旋转，给对手造成巨大威胁。台内拧技术的代表人物为我国选手马琳、马龙、张继科。

以右手持拍为例，当来球为本方反手位下旋或不转球时（通常为接发球的下旋或不转球)，身体前倾略接近台面，持拍手抬肘至与肩同高，前臂下垂内收，与此同时手腕也沿逆时针内收，后根据实际需要在来球的上升后期、高点期或下降前期顺时针由内向外抖动手腕发力摩擦球，将球击出。为击出不同旋转的球，可在摩擦球时选择适当的位置即可。

第七章　乒乓球运动的战术技巧探索

在乒乓球运动中，运动员要想取得比赛的胜利，只具备出色的技术是远远不够的，与此同时还需要战术的配合才能取得理想的成绩。对于技术水平接近的运动员来说，有时在比赛的关键时刻，运用的合理战术往往能起到决定性作用。因此，在平时的训练中，加强对乒乓球战术技巧的运用与探索是尤为必要的。

第一节　乒乓球运动战术原理

一、乒乓球运动战术的概念

一般来说，战术有广义和狭义之分，广义的战术是指运动员技术、意志、心理和智能在比赛中的合理运用；而狭义的战术是指在比赛中运动员根据对方的技战术特点和风格而采取有针对性的进攻与防守策略。

需要注意的是，战略和战术之间有着一定的区别。通常情况下，战术包含于战略之中，二者之间是全局与局部的关系。如在乒乓球比赛中，教练员确定参赛队员以及队员的先后出场顺序等属于战略的范畴。而在比赛过程中运动员为了获得比赛的主动权进而取得比赛的胜利所采取的各种技术手段和方法等则属于战术的范畴。

二、乒乓球运动战术的构成及分类

（一）乒乓球运动战术的构成

1. 战术指导思想

战术指导思想是教练员根据比赛的具体情况提出的战术运用的活动准则，它对运动员起到重要的指导作用。进行乒乓球战术训练，一定要有正确的战术指导思想，而这一战术指导思想也不是一时一日而成的，它是随着乒乓球技术的不断发展变化而逐渐形成的。现代乒乓球运动竞争越来越激烈，乒乓球运动的战术指导思想也随着发生了一定的变化，现代乒乓球战术指导思想要求运动员必须掌握好扎实、全面的技术，在充分发挥特长技术的基础上，将全面技术和特长技术结合起来，要始终不断追求技术的创新，保证运用技术的先进性，这样才能适应不断发展变化的技战术，从而在比赛中取得好的成绩。

2. 战术观念

战术观念是指运动员对战术的概念、内容、基本原理和规律等进行认识和思维后所产生的观念和形态。一般情况下，运动员对战术基本概念、原理等的认识程度越高，其战术观念就越强。而战术观念的强弱，对整个战术教学活动能否顺利进行具有重要的影响。

一般来说，运动员战术观念的形成同自身的知识结构、思维方式、经验水平等有着极为密切的联系，而战术观念也不是一成不变的，它是随着运动员技战术水平的不断提高而不断变化的。当一个人形成某种战术观念时，他就会在训练和比赛中时刻表现出这种战术观念对他的影响和约束。一般情况下，在运动员对战术的理解还不够透彻时，就很难摆脱原有观念对他的影响和约束。现代乒乓球比赛越来越激烈，运动员若没有一个正确的战术观念，想取得比赛的胜利是非常困难的。

3.战术意识

战术意识是指运动员在比赛中为了达到一定的战术目的而产生的思维活动过程。一般来说，战术意识主要包括两个方面：一是运动员对战术的了解程度；二是运动员在比赛中能否灵活运用战术，做出正确的战术行为。通常情况下，要想获得良好的战术效果就必须具备较强的战术意识，需要注意的是，战术意识是最基本的因素，具备了基本的战术意识后，全面提高自己的技战术能力，才有可能取得比赛的胜利。

乒乓球运动员在平时的训练中，要时刻加强战术意识的培养和训练，真正了解战术的内涵，建立良好的战术意识。这需要做好以下几点。

(1)运动员应明白采取某种战术的目的，并能准确预测所执行战术所产生的后果。

(2)在战术行为的有意识性的表现上，运动员要对某种形势所产生的反映后果有所预测，从而占据比赛的主导地位。

(3)战术意识的强弱也反映在运动员的经验方面，所以在训练和比赛中，运动员要注意这方面的积累。

(4)在运动员战术培养的过程中，要加强运动员技战术基本知识和乒乓球专项意识的传授和培养，提高其综合能力。

4.战术知识

战术知识是指有关战术的各种经验和抽象化信息的总和。一般来说，战术知识有以下两种划分方法。

(1)以战术知识的存在形态划分

一般来说，战术知识主要有两种存在形态，即经验性知识和理论性知识。前者主要是依靠运动员在长期的训练和比赛中积累起来的，由于运动员各方面的素质存在着一定的差异，因而这种形态往往带有较大的局限性和个体差异性。后者是以一种抽象化信息的形式来表现的，它是建立在无数个体经验性知识的基础上的，因而具有较大的普遍性意义。在乒乓球运动中，这两种形态都有重要的作用，对运动员战术意识的建立和形成具有重要的意义。

(2)按战术的适用性划分

按战术的适用性划分，可将战术知识分为一般战术知识和专项战术知识。一般战术知识是指带有普遍意义的战术规律、原理、方法、原则以及战术功能、战术结构体系等方面的知识。专项知识则是与某项运动特征有关的战术方法、形式、战术运用的条件及运用效果等有关的知识。

实际上，不论任何运动项目，运动员战术知识的掌握都是由过去逐步积累和发展起来的。当运动员了解和掌握了一定的战术知识后，会根据自身所掌握的战术知识做出客观的预测和判断。因此，一个人所具有的知识结构既是其认识活动的产物，又会反过来影响其认识事物的方式和方法以及思维过程。由此可见，战术知识对运动员的发展来说至关重要。

5. 战术行为

战术行为是指运动员为达到某个战术目的而采取的具有针对性的动作系列或组合。战术行为是运动员战术概念、思想、意识等的具体表现，是完成战术任务的具体方式。运动员要想达到某种战术目的就必须付诸一定的战术行为，但需要注意的是，这一战术行为必须要正确且能解决实际问题，这样才是有效的战术行为，才能对比赛的结果产生积极的影响。

(二)乒乓球运动战术的分类

1. 按项目分类

按项目分类，可将乒乓球战术分为单打战术和双打战术两种。

(1)单打战术

单打战术主要包括发球抢攻、搓攻、拉攻、对攻等,它是运动员在比赛的过程中,为了夺取比赛的胜利而采取的各种方法和手段。

(2)双打战术

双打战术是建立在单打战术的基础上的,并且注重两人技术的组合及心理的默契配合程度。

2. 按战术攻防性质分类

按战术的攻防性质分类,可将乒乓球战术分为进攻性战术和防守性战术两种。

(1)进攻性战术

进攻性战术是指以我为主的、以得分为目的行为方法。在乒乓球比赛中,进攻性战术都是围绕如何得分这一具体的行为展开的。如快攻结合弧圈打法、弧圈结合快攻打法、近台快攻打法等都是进攻性比较强的战术,在比赛中运用较多。

(2)防守性战术

防守性战术是指在比赛中,在被对手进攻的情况下,通过个人行为或两人(双打)协作,阻止对手得分的战术行为方法。实际上,防守性战术也并不是完全处于被动的战术行为,有些防守性战术也能直接得分。如采用削球打法的乒乓球运动员,整场比赛看似被动,但是如果掌握了扎实的技术,战术运用得当,取得比赛胜利也是非常有可能的。由此可见,不能单纯地把防守性战术看作是一种被动战术,要结合实际情况而定。

3. 按技术使用的顺序分类

按技术使用的顺序分类,可将乒乓球战术分为发球抢攻战术、接发球战术和相持阶段战术。

(1)发球抢攻战术

发球抢攻战术是指运动员发球后立即采取进攻的方法,这种战术属于主动性战术，对运动员积极进攻的战术意识要求较高，如果获得优势则对比赛的走势具有积极的意义。随着乒乓球运动的不断发展，这种战术的运用越来越广泛。发球抢攻的战术意识首先是发球直接得分，即使不能直接得分，也要通过高质量的发球迫使对方无法组织起有效的进攻，从而为自己赢得主动进攻的机会。在比赛中，运用发球抢攻战术时运动员需要注意以下几点。

①发球与抢攻的配合。发球前，运动员要注意观察对手的站位情况，在了解对手技术特点的基础上采用相应的打法，要做到有的放矢。

②提高发球质量，将旋转和落点变化结合起来，另外在规则的允许内，鼓励发球创新，为取得比赛主动赢取必要的条件。

③注重抢攻意识的培养，发球抢攻时要大胆果断。

④发球要与运动员本身的技术特点和特长配套，要充分发挥技术特长，才能起到发球抢攻的有效作用。

(2)接发球战术

接发球战术是与发球抢攻战术相抗衡的一项战术，其目的是破坏对方发球抢攻战术的运用。在乒乓球比赛中，如果接发球处理不好，就会陷入被动。因此，接发球的战术意识必须要积极主动，争取抢先进攻得分，即使不能抢先进攻，也要回给对手一个高质量的接发球，以达到破坏对方发球抢攻的目的。运用接发球战术时应注意以下几点。

①接发球要积极主动、果断，抢先上手。

②必须具备拉、快拨、快点、摆短、抽、晃等基本的接发球的能力。

③接发球的方式要灵活多变，以达到迷惑对手的目的，使其难以适应，从而破坏其发球抢攻、抢拉的战术意图，使自己争取主动进攻，为获得比赛的胜利打下良好的基础。

(3)相持阶段战术

相持阶段战术是指比赛双方在攻守过程中可采取的各种进

攻控制手段和方法。在乒乓球比赛中，运动员主要依靠自身的技术特长来达到控制对方，争得主动，从而取得比赛胜利的目的。在相持阶段中，合理地运用战术是取得比赛胜利的关键。在比赛相持阶段运用战术时需要运动员注意以下几点。

①运动员要具备扎实的基本技术，这样才能为战术的运用打下良好的基础。

②运动员在比赛中要将自己的打法类型与特长技术相结合，才能充分发挥相持阶段战术运用的效果。

③运动员要具备良好的应变能力，善于根据比赛的具体情况做出战术上的变化。比赛中攻与防、主动与被动千变万化，瞬间就可能从主动变被动，也可从被动变为主动。运动员必须要有敏锐的观察能力和判断能力，才能更好地运用相持阶段的战术。

4.按球的物理性质分类

按球的物理性质分类，乒乓球战术可以分为以速度为主的战术和以旋转为主的战术。这两种战术的引用要视对手的技术特点而定。

(1)以速度为主的战术

此战术的主要意图是充分利用快速多变的特点来调动并控制对手，以达到攻击对方的目的。运用此战术时要注意以下几点。

①运用战术要灵活多变，充分运用近台正、反手攻球和推挡等变化来攻击对方，为自己主动攻球创造有利条件。

②各种技术的运用要快速，以达到克敌制胜的目的。

③对付不同打法类型的运动员时要有针对性。如对付攻球和削球，可采用的手段是不同的，所体现的速度特点也不同。

(2)以旋转为主的战术

此种战术主要是以弧圈球进攻为主，然后结合快攻，转与不转等打法。其战术意图是通过球的旋转变化来控制、攻击对方，进而争取比赛的主动权。运用以旋转为主的战术时需要运动员注意以下几点要求。

①以弧圈球为主要得分手段，用前冲弧圈代替一般的扣杀，既有强烈的旋转，又有较快的速度，充分发挥旋转的作用，并能得分。

②充分利用发球、搓球、快拨、快点等多种控制手段为拉弧圈球和扣杀创造条件。

③运用以旋转为主的战术打法时，要了解直握拍和横握拍的两种打法的差异性。如运用对攻或相持战术时，使用的技术手段有所不同。在相持阶段处理反手台区球时，直握拍打法可能使用推挡球、直拍横打或反手攻球为正手创造机会；横握拍打法使用两面拉弧圈，为正手冲或扣杀创造机会。

三、乒乓球运动战术意识分析

（一）乒乓球运动战术意识的重要性

正确的乒乓球运动战术意识能促进运动员对战术运用的掌握速度，良好的战术意识能提高乒乓球运动员的制订和实施的质量。实践表明，同时学习乒乓球的人，战术意识强的人进步快，对教练的讲解和指导理解更加深刻。

（二）乒乓球运动战术意识的培养

1. 学习理论知识

运动员应在训练中了解必需的战术理论，理解概念，重视新时期乒乓球运动战术的发展和创新。

2. 提高战术思维能力

乒乓球运动球速快、竞争激烈，运动员对乒乓球技战术的运用离不开良好的战术思维能力。运动员在赛场上必须结合比赛形式的变化，灵活应用各种技战术，并在最短的时间里做出战术决策并付诸于行动。这要求运动员在日常的训练中刻苦练习、不断丰富自己的基础知识和比赛经验、不断提高战术行为的表象能力和战术思维能力。

3.善于观察、分析、总结

战术意识的培养和运用自如需要运动员进行长期的训练。运动员应在平时的训练中善于观察、分析和总结，尤其是对优秀运动员在大赛中出现的战术动态进行分析和总结，有助于运动员不断提高自身战术运用的先进性和实用性。

第二节　乒乓球基本战术技巧探索

一、乒乓球基本战术与训练

（一）发球抢攻战术与训练

1.发球抢攻战术分析

发球抢攻战术是指运动员发球后立即采取进攻的手段和方法。发球抢攻战术运用得当往往能取得比赛的主动，对整个比赛的走向具有重要的战略性意义。

（1）正手发转与不转球后抢攻

此战术一般以发至对方中路或右方短球为主，配合左方长球。此种战术开始先发短的下旋球为好，以控制对方不能抢攻或抢拉，然后再发不转球抢攻。不转球，一般也先发短的，或发至对方攻势较弱的一面，伺机抢攻。

（2）正手发高、低抛左侧上、下旋球后抢攻

正手发高、低抛左侧上、下旋球后抢攻战术可发至对方中左

短、左大角、中左长、中右(向侧拐弯飞行正好至对方怀中)和右短,配合一个直线奔球,若抢攻和发球落点方向相反的落点则威胁更大。

这种发球战术适合左手执拍的选手采用,一般多用侧身发高抛至对方右近网并拐出边线,待对方轻拉起来,可用反手狠压一板直线,也可侧身用正手反拉,或直接得分,或为下板球的连续进攻制造机会。

(3)下蹲发球后抢攻

该战术可以将左侧上、下旋与右侧上、下旋球结合运用,落点有长短变化。对于常用搓球接发球的选手,应以发上旋为主。抢攻的落点要灵活变化,要善于观察对方的弱点所在,然后发起攻击。

(4)反手发急上、下旋后抢攻或抢推

①反手发急上旋至对方反手后,侧身抢攻。急球必须发得快、力量大、线路长,且能有一个直线急球配合。

②擅长反手推挡的选手,或遇到对方反手推攻较差的选手,可发急下旋球,若对方搓球回接,必然不好控制短球,可用正手或侧身抢攻;若对方向上轻托,可推挡加推压或侧身抢攻。

(5)反手发右侧上、下旋后抢攻

该战术一般发至对方中右近网处或半出台落点,配合发两大角长球。两面攻选于,特别是擅长反手进攻的选手常采用此战术。利用发球旋转的变化正反手两面上手,抢拉、抢冲或反拉、反撕,尤其反手起板,出手快,突然性强,使对方较难防御。

2.发球抢攻战术的训练

(1)正手发转与不转短球至对方右方或中路为主,伺机抢攻。

(2)正手发右侧上旋急球至右方或中路进行抢攻或抢冲,配合发左侧旋直线长球或近网短球。

(3)侧身发高(低)抛左侧上(下)旋至中路或左大角,结合中路长球抢攻或抢冲。

(4)反手发侧上(下)旋球至对方中间偏右近网处,配合发大角长球伺机抢冲。

(5)反手发急下旋球,配合短球和急上旋球抢攻、抢推或抢冲。

(二)接发球战术与训练

1. 接发球战术分析

接发球战术是与发球抢攻相抗衡的一项战术,目的是破坏对方的发球抢攻,进而形成攻防相持的局面。

(1)接短球

此战术是在对方为控制我方的抢攻而发短球时所采用的积极回球的方法,可分为以下两种。

①快摆结合劈长。在对方发较转的短球时,可以快摆为主结合劈长。

②挑打或晃撇。在对方发侧上或不转短球时,可大胆挑打;对于不转球还可以利用身体的晃动,将球撇至对方反手大角,由于伴有身体的晃动,使对方不敢轻易侧身。

(2)稳健控制法

利用拉、推、拱、搓、削等技术接发球,主要注重接发球的命中率,以稳为主,但也需加强手法、落点的变化和对弧线的控制,以防对方抢攻。一般为攻对削、削对攻或削对削时采用。

(3)接发球抢攻

接发球抢攻是一种最为积极主动的接发球打法,发展到现在,世界各国的优秀选手都十分重视接发球抢攻战术的重要性。需要注意的是,在运用此战术时,对于对方发球的旋转要判断清楚,步法移动要迅速,以保证用最佳的击球点和击球时间击球。

2. 接发球战术的训练

(1)接发球直接抢攻。

(2)用拉球或推挡控制对方反手,配合突然变正手与中路。

(3)用快搓短球和快搓端线长球控制对方,伺机先拉或突击。

(三)搓攻战术与训练

1.搓攻战术分析

搓攻战术主要运用“转、低、快、变”的搓球控制对方,以寻找战机,然后采用低突、快点或拉攻等技术展开攻势并进入连续进攻;搓攻战术带有一定的突然性,往往能使对手出其不意,使自己占据比赛的主动,有时甚至可以直接得分。

(1)搓转与不转后抢攻

搓强烈下旋球后配合假动作不转球,给对方的抢攻制造很大的困难,自己伺机起板。需要注意的是,对高水平的选手来说,单纯的旋转难以控制住对方的进攻,旋转变化必须要结合落点控制进行。

(2)搓对方进攻的薄弱环节,自己抢先进攻

摆短、劈切大角度、控制对方反手等,基本原则是搓至对方进攻的薄弱环节,限制对方的进攻,争取进攻的主动权。

(3)先搓反手大角,再变直线,伺机进攻

主要用来对付反手不擅长进攻的选手。先逼住对方反手大角,视其准备侧身攻或将注意力都放至反手后,就变线至其正手,伺机抢攻。

(4)下旋转为上旋

①搓中先拉一板弧圈或小上旋,迫使对方打快攻。

②搓中突击。直拍正胶快攻选手,在遇到旋转不特别强烈或位置比较合适的搓球时,应大胆运用搓中突击或快点的技术,由此而转入连续进攻。

③搓中变推:遇到对方搓过来的不转球(包括长胶、防弧圈球拍搓过来的球),直拍进攻型选手可用推挡应对,由搓变推,转为快攻。

④2 名削球手或一攻一削相遇，对搓中拉或拱一板，之后转为拉攻或拉搓吊结合，再依具体情况实施相应战术。

2. 搓攻战术的训练

(1)快搓转与不转球至不同落点。

(2)两人对抗，以快搓加转为主，结合快搓转与不转长球至对方的反手或突然搓正手大角，伺机抢攻。

(3)两人一组，一攻一削，对搓中拉或拱一板，之后转为拉攻或拉搓吊结合对抗。

(四)拉攻战术与训练

1. 拉攻战术分析

拉攻是对付削球打法的主要战术，即通过拉球落点、旋转和力量变化制造机会，伺机突击、抢冲和扣杀，从而达到控制对方、争取主动的一种重要手段。

(1)拉直杀斜或拉斜杀直

一般情况下，拉斜杀直时的拉球比较保险、稳健，杀直线虽威胁大但技术难度也较大；拉直杀斜时拉球难度稍大，但杀斜线的难度降低，命中率高。因此，在运用此种战术时，要根据对手和比赛场上的具体情况而定。

(2)拉左杀右或拉右杀左

拉左杀右或拉右杀左战术是拉对方一边杀另一边。一般先拉削球旋转变化不强或攻势较弱的一边，出现机会后再杀另一边。

(3)拉中路压两角或拉两角攻击中路

拉中路压两角，是从中路寻找机会，然后杀两角得分；拉两角攻击中路，是先从两角找机会，然后突击中路得分。

(4)变化拉球的旋转和长短落点，伺机突击

该战术是在拉球中拉出真(强烈上旋)、假(不转)及侧旋弧

圈，用旋转的变化来增加对方削球的难度；也可用托球长短落点的变化来创造机会，即先拉长球至对方端线处，迫使对方后退，再突然拉一板中路偏右的短球；或先拉刚出台的轻球，再发力拉靠近端线的长球，从中伺机突击。

2. 拉攻战术的训练

(1)拉对方正手，伺机突击中路，然后扣杀两角。
(2)拉对方反手，后侧身突击斜线，然后扣杀中路或两角。
(3)拉对方中路，伺机突击两角，然后再杀空当。
(4)拉不同落点，伺机突击直线，然后扣杀两大角。
(5)长短球和拉搓结合练习。

(五)对攻战术与训练

1. 对攻战术分析

对攻战术主要是用于快攻类和弧圈类打法的运动员，快攻类打法依靠正、反手攻球和反手推挡、快拨等技术，要充分发挥速度的优势，调动压制对方来达到攻击的目的。弧圈类打法依靠正、反手的拉弧圈球技术，发挥旋转的威力来牵制对方，最终达到攻击对手的目的。

(1)攻两角战术

①对角攻击

紧压对方反手一侧的角，不能给对方进攻机会，结合突然的大角度变线，再攻其另一角(图 7-1)。

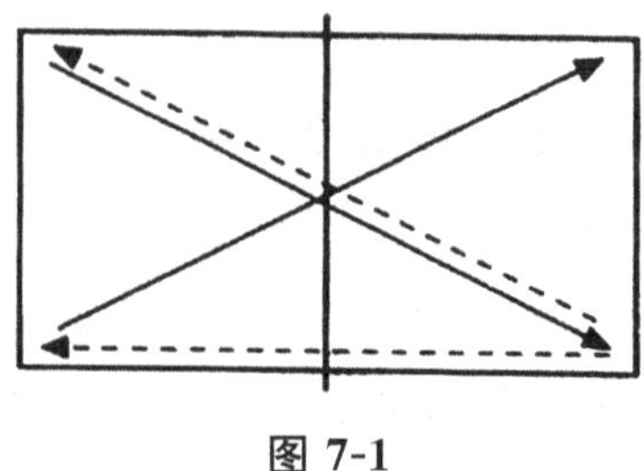

图 7-1

②双边直线

先攻直线一角，再运用直线来攻另一角(图 7-2)。

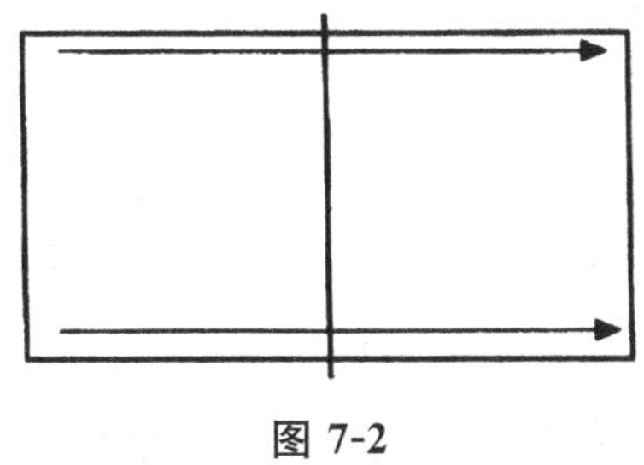

图 7-2

③逢斜变直，逢直变斜

这是大角度变换，袭击对方空当的一种有效战术。无论是斜线变直线，还是直线变斜线，回球的落点都应在球台的角上(图 7-3)。

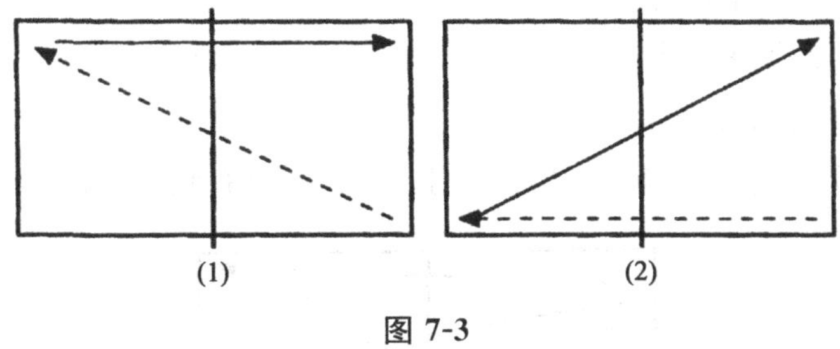

图 7-3

④调右压左和调左压右

这两种战术的采用应该根据对手的实际情况来决定。

A. 调右压左：是把右手持拍的选手调到正手位，并被迫离台，然后再打反手，让对方同样不能发挥反手攻的特长(图 7-4)。

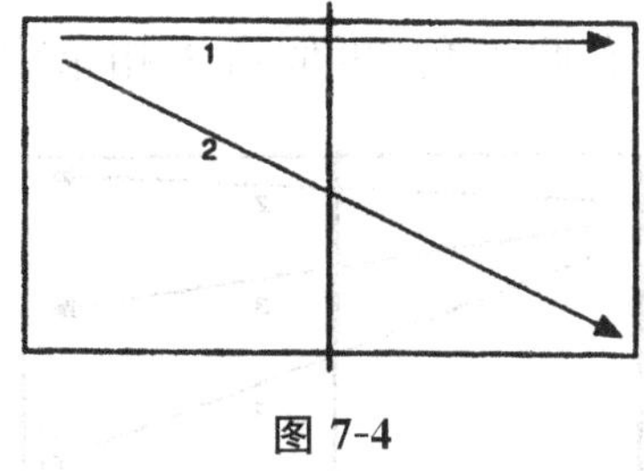

图 7-4

B. 调左压右：若对手是左手持拍且擅长侧身攻，采用此战术对付对手会取得非常好的效果(图 7-5)。

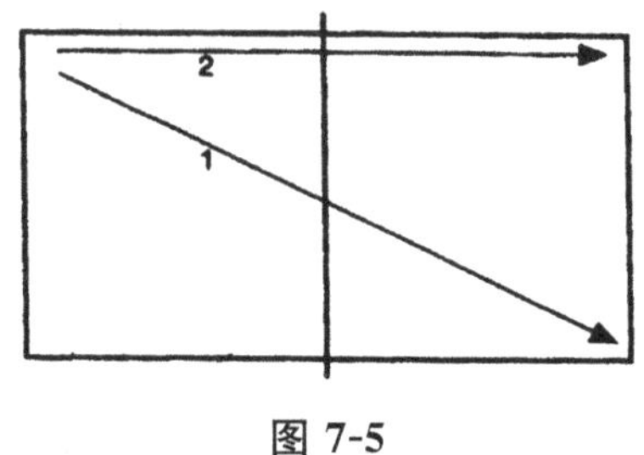

图 7-5

需要注意的是,不论是调右压左还是调左压右,都需要把对手调到正手位后再压反手位。调正手和压反手两者之间的关系非常密切,需要结合比赛的具体实际灵活运用。不论采用哪种手段都要有明确强调正手的目的。不论是用推挡、反手攻,还是侧身攻,都要速度快,并且回球角度要大,这样才能起到调动对方、争取比赛主动的目的。

(2)攻追身战术

①攻追身杀两角

先要攻对方中路追身,再去扣杀左角或右角(图 7-6)。

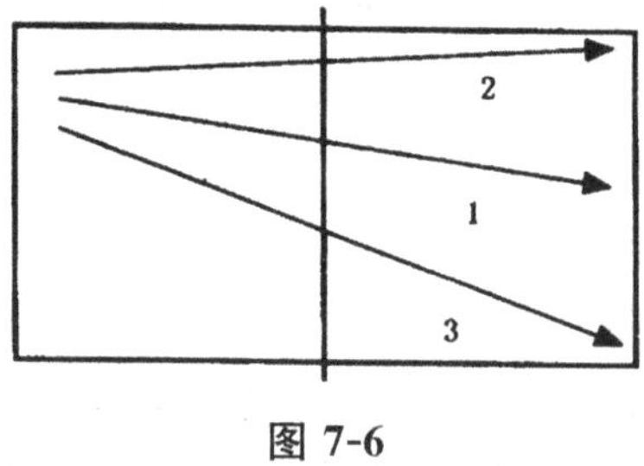

图 7-6

②攻两角杀中路(追身)

先要攻对方左、右两大角,再伺机去扣杀中路(图 7-7)。

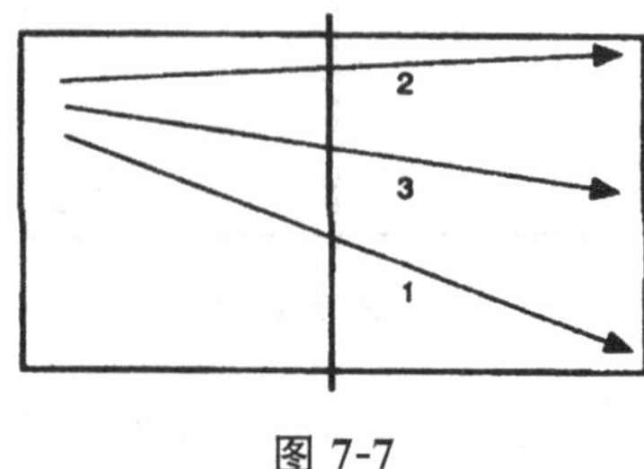

图 7-7

③攻追身杀追身

可连续攻追身，再去连续攻中路，伺机进行发力，扣杀中路或两大角（图 7-8）。

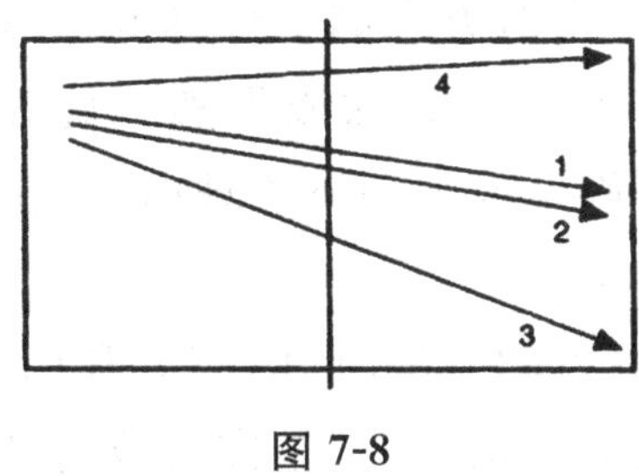

图 7-8

2. 对攻战术的训练

（1）紧压反手，结合变线，伺机抢攻或抢冲。

（2）加（减）力推压中路及两角，伺机抢攻或抢冲。

（3）调右压左对抗练习。

（4）被动防御和“打回头”对抗练习。

（六）弧圈球战术与训练

1. 弧圈球战术分析

弧圈球战术能够把速度和旋转有效地结合起来，具有较强的稳定性和适应性。目前，世界上很多著名的乒乓球运动员都采取此种战术打法。

（1）发球抢拉战术

发球抢拉战术主要是正手（或侧身）发强烈的下旋球至对方左侧近网处。迫使对方以搓回击，然后拉加转弧圈球到对方反手或中路；反手发右侧上、下旋球至对方中路偏右或偏左的地方，然后拉前冲弧圈球至对方两大角；反手拉急下旋球至对方偏右或左大角，当对方以搓球回击时，拉前冲弧圈球至对方正手。一般用速度快、落点长的球，使对方退守，然后根据对方的站位和适应弧圈球的能力，决定拉哪种弧圈球向对方攻击。

(2)接发球抢位战术

接发球抢拉战术是与发球抢拉战术相抗衡的一项战术。其目的就是攻在前面,破坏对方发球抢拉战术的运用,自己则争取主动直至最后胜利。当对方发侧上旋球和不太转的球时,用前冲弧圈球回击;当对方发侧下旋球或强烈下旋球时,用前冲弧圈球回击;当对方发侧下旋球或强烈下旋球时,用拉加转弧圈球回击。

(3)对攻相持战术

在对付从两面进攻的打法时,应充分利用正手位弧圈球攻其中路,再压其反手或突击正手;对左推右攻打法时,可先以弧圈球拉住对方左角,然后转拉中路靠右或正手;如果对方正手攻弧圈球技术较差,可连续使用拉、冲对方正手,再转攻反手。

2.弧圈球战术的训练

(1)两人一组,一人发短球至对方左半台近网处,另一人正反手拉加转弧圈球到对方反手或中路,练习发球抢拉。

(2)两人一组,一人发短球至对方中路近网处,另一人用正手抢拉前冲弧圈球至对方两大角,练习发球抢拉。

(3)两人一组,一人发侧下旋球或强烈下旋球,另一人用拉加转弧圈球回击。

(4)两人一组,一人回搓近网短球,另一人用正手拉弧圈球至对方反手。

(5)用拉加转弧圈球与不转球相结合进行练习。

(七)削、攻结合战术与训练

这是削、攻结合打法的主要战术之一,主要是以削球旋转的变化来牵制并控制对方,同时为进攻创造有利机会。在乒乓球比赛中,这种战术运用的非常广泛。

1.削转与不转伺机反攻

(1)以先削加转,后送不转,结合落点进行变化,伺机反攻。

(2)用削下旋、突削侧旋,扰乱对手,伺机反攻。

(3)在连续削球中,突然用拱或带来扰乱对手,伺机反攻。

2. 削、攻结合

(1)在削球时,以削球为主,削攻相互结合,伺机得分。

(2)以反手削,正手攻,削攻相结合,伺机得分。

(3)以正、反手削、攻结合运用旋转和节奏变化来扰乱对方,争取进攻得分。

3. 削两角,伺机反攻

(1)用削球紧逼对方两大角,伺机抢攻。

(2)用削球紧压对方左角(右角)突变右角(左角),伺机进行反攻。

4. 削长、短球伺机反攻

(1)用削同线、异线长、短球,伺机反攻。

(2)用削近身长、短球,伺机反攻。

二、乒乓球基本战术技巧训练方法

(一)单个战术训练方法

单个战术训练是指运动员通过多次实战比赛得出的经验,将复杂多变的战术简化,总结成富有规律性的战术,反复练习。如在比赛中对付正手单面强攻者时,可采取先压反手大角,后调正手空当,再压反手的战术。这是长期比赛中积累出来的经验,平时照此方法练习,就可以达到事半功倍的练习效果。

(二)附加装置训练方法

附加装置练习是指对球台、球网做适当调整或增加附加装置后再进行训练的一种方法。这是一种更为有效的练习方法,常见的主要有以下几种。

1. 击目标练习法

在训练时,在对方台面上放置半个乒乓球或其他物品。要求运动员在练习时尽力击中目标。经常运用此法练习可大大提高控制落点的能力,提高某特定战术的训练质量。

2. 加宽球台练习法

加宽球台是指将球台的其中一方改放一个半或两个台面,使台面变得更加宽阔。此法多在练习步法时采用。

3. 网上加线练习法

将球网上方另加一直线,要求双方击球皆从中间穿过(中间约为 5 厘米)。此法一般在对搓时采用,目的是控制弧线高度。

4. 升降球网练习法

升网法是指将球网稍升高(约 1 厘米),然后进行击球的练习。此法可增加攻球弧线的弯曲度,对攻球弧线过直者,颇有实用价值。降网法是将球网略下降,然后进行击球练习,此法多在练习削球或搓球时采用,可降低击球弧线的高度。

(三)意念打球训练方法

意念打球练习是一种将心理学知识用于乒乓球训练的产物。采用此法练习时,一定要集中注意力,切不可三心二意,否则就收不到应有的训练效果。可采用以下几种方法进行练习。

1. 纯意念练习

纯意念练习是指想象对手击出的各种球,想象自己做出各种相应的快速还击动作。也可仅想象自己做快速手法或步法的练习。

2.假想对手，做各种手法、步法练习

脑中想出对手击出各种球，自己做相应的回球动作。

3.暗示拼抢1分练习

此练习要求练习者在每分球开始前，心中默念（或小声嘟囔）："拼，拿下此分！"随之，提挈全部身心之力，拼下此分。此练习的目的在于锻炼自己的高度注意力，集中精神拼搏的毅力。这种心理状态正是11分比赛时所最需要的，也是最难得的。一场或一局比赛都是一分一分地打的，抓住每分球，就可获得全局的胜利。

第三节　乒乓球双打战术技巧探索

一、乒乓球双打战术

双打的战术运用是两名运动员相互配合、融会贯通、取长补短获取优异成绩的结晶，是通过合作的方式来达到克敌制胜、运用集体的智慧获取最佳战术组合的表现形式。双打战术的精髓在于两名运动员之间的跑位，两人位置的转换与协调的配合。下面主要研究一下几种战术打法对付不同类型打法的对手时所运用的主要战术。

（一）双打位置的移动

在双打比赛中，要求运动员脚步移动要灵活自如，在移动时需要注意以下几点。

（1）不能影响同伴的视线和判断来球。

（2）不能妨碍同伴抢占击球位置和还击来球。

(3)移动的位置要有利于本人下次还击来球。

双打运动员脚步移动的方式和路线是根据对方击球的不同力量、速度、旋转和落点,以及本方运动员不同类型打法的配对而决定的。双打运动员脚步移动的方式有以下三种。

(1)左右移动。

(2)前后移动。

(3)曲线移动。

运动员脚步移动的具体线路如下所述。

1.八字形移动

以双打己方为一个左手握拍和一个右手握拍的配合为例,当来球分别在两名选手的反手位置时,两名选手击球后分别向自己反手一侧移动,两人的脚步移动线路呈现出“八”字形。来球分别在两人的正手位置,两名选手击球后,分别向自己的正手斜后方移动,脚步移动线路也呈现出一个“八”字形。

2.“T”字形移动

以一个快攻打法的选手同一个削攻打法的选手相配为例,快攻打法的选手在近台向左右方向移动,削攻打法的选手向前后移动,脚步移动线路呈现“T”字形。此种移动方法适用于两人站台位置一近一远的打法。如一攻一削打法配对的选手,又适用于两个削攻打法配对的选手,还适用于快攻配弧圈打法的选手。

3.环形移动

在双打比赛中,如果两名选手同为右手握拍,比赛中多采用环形移动的方法。同为右手握拍的两名选手在轮流击球时往往出现互相被挡住的情况,这与一左一右搭配的选手具有较大的差别。采用此种换位方法就较好地解决了这个问题。

4.“∞”字形移动

当针对本方某一个人攻击他的两条大斜线时,不管攻球运动员或是削攻运动员脚步移动线路都呈现“∞”字形。这也是上面讲到的环形移动加上左右步法变换结合起来产生的移动方法。

（二）快攻类打法对快弧类打法的战术

1.发球抢攻的战术运用

发球者以发侧上、下旋或转与不转的近网短球为主，配合发长球至对方的右大角和中线稍偏右处进行抢攻。抢攻者必须根据回球的落点、长短、旋转进行抢攻，用力大小要善于根据回球来加以调节，要求抢得快、落点活，如能向对方的空当发动攻势效果更好。

2.接发球抢攻的战术运用

对发来的球要判断清楚，以快点为主或用快拉去回击，必须树立敢打必胜的信念。要求出手快、落点活，配合突然的假动作，主要攻击对方空当。有时也可做相反的运用，以便为同伴创造进攻机会。当不能起板进攻时，可运用多种技术（摆短、切、撇等）过渡一板。要求落点好、具有突然性，使对手不容易抢攻，为同伴下一板进攻创造机会。

3.连续攻击追身球的战术运用

当对方是一左一右横握球拍弧圈球类型打法时，由于对方正、反手两面都能进攻，步法移动较容易，且防御范围较大，这时应从对方的身体中路突破，多攻击追身球。从这一分球开始的发球、接发球、过渡球等都应以中路近网短球为主，适时结合送两条大斜线。随时根据对方站位及走位的情况，伺机攻击中路，造成回击者对移动方向的判断模糊、重心错位、走位混乱甚至出现碰撞，从而为进攻创造更多的机会。此外，追攻对方身体中路还能有效减小对方回球的威力。

4.连续攻对方某一点后变线的战术运用

根据对手的握拍情况(两名右手握拍)和总体技术特点、配合默契程度,连续攻对方正手位或反手位,其目的在于迫使对方跑到球台的某一角上造成对方步法移动的混乱,不给对方反攻的机会,这样球台的另一边就会出现一个较大的空当,然后抓准时机攻击对方空当。有时也可根据场上的形势攻击对方不同的空当,为同伴扣杀创造更多的机会。当然变线的一板球也有较大难度。

5.以近网短球控制为主突击变各条线路的战术运用

此种战术主要是针对削球或中台防御型选手所采用的战术,发球应以侧上旋为主,伺机攻击各条线路,注意控制好过渡球的落点,避免回球过高给对方机会。主动配合好转与不转,争取抢先突击,要求速度快、落点刁、突然性强,线路和落点需要根据场上对方的站位及走位情况而定,伺机扣杀。不应只是机械的按照原定战术线路进行。

6.从中路突破再变线的战术运用

如果对方是两名身材高大、右手横握球拍、技术水平较高、正反手均能拉弧圈球的选手,那就要试图从中路突破。应在发球、接发球方面严格控制台内短球,伺机抢先突击,力争主动打至对方中路,使对方处于被动防守的局面后,突击变线后可以连续攻同一条线路将对方调到球台的同侧,从而为扣杀创造更多的机会。切不可有侥幸心理、过分求稳、防御过多,那样往往容易丢掉已经获得的主动,以至造成被动挨打的局面。

(三)弧圈类打法对弧圈类打法的战术

1.发球抢攻的战术运用

一直一横选手的配对,发球者多以中路近网侧上、下旋或转与不转球为主，适当配合有速度的中路长球，这种突出“中路”的特点主要是为了限制对方回大角度球，为同伴创造机会。现在的最新技术是：当对方快拉、挑、点过来的球时，同伴应利用反削或反撕技术至其空当，这往往使对方措手不及。

2.接发球抢攻的战术运用

充分利用弧圈球技术的特点，积极主动抢先上手（滑板、快拉、挑、点）打对方的空当。当对方站位远离球台或进攻能力较弱时，可用摆短至中路过渡，为同伴进攻创造机会，要求回球旋转强、弧线低、落点好。

3.防守反攻的战术运用

当被迫成为守方后，首先应具备顽强的意志品质、高度的责任感与坚定取胜的信心，同时还应具有良好的防御能力及手上感觉、灵活的步法移动能力。通过激烈争夺而取得的一分球，能够鼓舞士气，增加心理优势，从而扭转整场比赛的战局。采用此战术时，防守要求弧线高且长、落点尽量靠近底边端线，适时增加旋转（通常为侧上旋），在防御的过程中镇定、稳妥，寻觅反击的机会或是为同伴反攻创造有利条件。

4.站位变化的战术运用

随着比赛的不断深入，在双方各自的技术、战术和打法等特点都已被对方适应的情况下，可利用变化站位的形式来迷惑对方。如正手位接近网短球较弱、接长球较强，而在接发球时改用反手接发球的站位来迷惑对方，因为正反手接球的方式和旋转效果有很大的不同，以这种方法达到扰乱对方发球战术和发球后衔接第三板的目的，伺机为进攻创造机会。如接突然发过来的急长球时，就主动在接发球时适当远离球台，造成有意识接长球的假象，使得对方会考虑改变发球。当对方发球的一瞬间立即移动步法，从而为自己在接发球上赢得主动。这种站位的变化往往能起到出其不意的效果，造成对方的慌乱和失误。

5. 对拉中交叉攻击两大角的战术运用

当对手是两名右手握拍选手或是一名直握、一名横握选手时，应充分运用拉两条斜线，迫使对方大范围地在跑动中回击来球，造成对方回球质量不高、步法走位混乱，出现机会大力扣杀，从而掌握场上的主动权。对于线路落点要求尽量攻击对方直板选手的反手，左右冲对方横板选手的两个大角为宜。这样的线路打法可以极大地限制直板选手的正手弧圈，使对方攻击力减半。

6. 对拉中拉一点突然变线的战术运用

在相持阶段，两名弧圈球选手用强烈的前冲弧圈球连续攻击对方的一条线路，迫使对方只能被动招架，形成两名选手挤到一个位置上而出现空当，此时应看准机会突然变线。当出现防御强烈的弧圈球时，在被动防御的过程中寻找战机突然变线，往往能变被动为主动，从而扭转被动局面，伺机进行反攻。

（四）弧圈类打法对快攻类打法的战术

1. 发球抢攻的战术运用

发球者以发下旋、侧下旋近网短球为主，配合急侧下旋球以牵扯对方的注意力，使对方在接近网短球上只能以搓球回接。充分发挥弧圈球的威力，这需要两名选手在场上的默契配合，要求拉弧圈球选手在旋转、落点等方面质量要高，为同伴创造更多连续冲或扣杀的机会。

2. 接发球抢攻的战术运用

一般来说，现代乒乓球的双打战术主要侧重前三板的进攻，一旦某一方在前三板中占据了优势，往往就成为最后得分的一方。接发球以快拉、撇、挑等技术至对方的空当或反手位，造成对攻的形势。因为快攻的特点主要表现在前三板，攻击突然、落点刁钻，所以，主动与对方展开对攻，争取先于对方上手，甚至在接发球或第三板阶段就开始在台内上手。充分发挥弧圈球正、反手两面拉的优势，局面自然能得到控制。如自己的相持能力不占优势，则可多采用摆短或切加转长球来回接，这样在防御方面相对较容易，用快带、反剔等技术回击对方反手位形成对攻，再伺机拉弧圈球去争取主动。

3. 防守反攻的战术运用

两名削球选手在进行防御的过程中，应积极运用逼两大角和削转与不转球的战术，迫使对方拉高吊弧圈球或放短球过渡，伺机进行反攻。这需要两名选手之间的默契配合、心领神会，尤其是在关键场次、关键比分时运用此战术，效果最佳。进攻型选手在被动防御时可用放高球技术，放高球要求弧线高、旋转强，应尽量放到对方端线附近，迫使对方不能大力扣杀，为反攻创造机会。现在这项技术已越来越受到重视。

4. 相持中攻击对方薄弱区域后变线的战术运用

当技术水平接近、双方在前四板都适应了的情况下，就要及时地调整战术，以争取比赛的主动权。要从对方较薄弱的环节、区域，薄弱的人或直握拍的选手反手位发动攻击。相持时，可多拉弧圈球到对手的以上某个区域找机会，再突然拉、冲对方的空当。有时也可及时根据场上对手的走位、注意力等方面做相反的运用。上手的一板还要求旋转和弧线有一些不同，避免对方逐渐适应。

5. 以不变应万变的战术运用

当对方技、战术出现明显漏洞或在对方两名选手中有一名实力明显较弱的情况下，有意识、有目的地把所有来球都控制回击到对方的某一区域或某一人，能起到良好的效果；而对另一名技术水平较强的选手，则应以控制为主，在落点、旋转等方面的选择要极为谨慎，不要给对方留下进攻的机会。

（五）攻球类打法对削球类打法的战术

1. 发球抢攻的战术运用

进攻型选手对削球选手比赛时，发球抢攻战术虽不如进攻型对选手那么重要，但若能把握发球抢攻战术，采取突然袭击的方法，往往令对方措手不及，能收到比较好的效果。如在发球时突然改变发球旋转；连续发近网短球后突然发急长球进行抢攻；在连发长球后，突然改发短球进行抢攻等，能在心理上占据主动，起到扰乱对方的作用。

2. 发球抢攻或接发球抢攻的战术运用

利用发球抢攻与接发球抢攻打乱对方的战术意图，在发球后或接发球时，看准旋转，尤其是对底线加转下旋球，充分利用弧圈球或突击到对方的中间偏右处，再伺机扣杀或爆冲另一方的近身或两大角。接发球寻找机会突然起板，造成对方措手不及判断失误，打乱对方战术部署，为全局的胜利奠定基础。

3. 拉两大角突击中路的战术运用

在拉球的过程中，向对方站位的相反方向过渡，迫使对方大范围地移动步法造成碰撞，伺机扣杀中路。要求拉球线路长，落点刁，旋转、速度、节奏、变化大，这样才能出现机会。

4. 拉一点突击两大角的战术运用

先拉对方固定一点，当对方两名选手移位不及时时，进行突击和连续扣杀；或拉弧圈球（突击）至对方两名选手不同的空当，迫使对方左右奔跑，出现机会再伺机扣杀。

5. 搓中突击的战术运用

对于削球技术水平稳健又具有一定进攻能力的选手，利用搓球的旋转变化、长短变化及线路变化，使对方频繁地在前后走动中回球，造成步法频繁移动，重心不稳，回球质量降低，再伺机进行前冲成突击；出现机会球时同伴可大力扣杀或拉前冲弧圈球，没有机会再用搓短球过渡，迫使对方在前后走动中出现漏洞。

6. 拉中路突击中路的战术运用

对于横拍削球选手来说，中路往往是其“盲区”，在这个位置上移动容易造成两名选手碰撞，使其技术不容易很好地发挥，因此，回球的质量相对降低，不容易制造出强烈的旋转球。因此，可利用拉攻过渡造成对方判断上的错误而出现机会球，然后伺机大力扣杀或拉强烈的前冲弧圈球至中路（追身）获取主动。

7. 拉远吊近的战术运用

此战术经常运用在以削为主的选手中。在拉球的过程中，利用长、短落点及线路的变化，伺机向站位近台的一方进行突击，或用吊短球诱使站位离台较远的选手上前接球，从而打乱对方步法，伺机拉前冲弧圈球或突击。在已适应对手削球的线路及旋转变化后，可运用中等力量加强进攻，迫使对方远离球台或拉对方两大角迫使对方拼命奔跑回接来球，然后再突然吊短球，同伴伺机扣杀或冲追身及两大角。对阵两名削球打法的选手时，对方总是先处于被动的局面，所以要求攻方战术以我为主，拉攻要耐心、稳定，不急于求成。

8. 被动防御的战术运用

当对方选手防守技术实力强于本方的进攻实力时，可有意改变节奏，如拉弧线高的球或用搓球过渡，有意让对方进攻，尽量避免连续拉攻，从而由被动转为主动。在对方突然进行反击的情况下，可利用放高球进行过渡，要求旋转要强、落点要好，寻找机会进行反攻。

9. 快攻与弧圈球结合旋转、节奏变化的战术运用

正胶直握拍选手与横握拍弧圈球选手结合，可在比赛中充分利用胶皮本身的特点，拉出旋转反差大、节奏变化多的球，使对方由于频频前后移动和击球时间上的判断失误，造成回球质量较低，然后伺机进行大力扣杀或前冲弧圈球。此外，快攻结合弧圈打法的选手有些在反手也会使用生胶，生胶属于颗粒胶，自身的特点为颗粒较短、胶质较透、弹性颇佳，适合快弧选手反手的弹击动作，时常还配合生胶的搓、拱、托等技术，给对方判断造成混乱。

（六）削球类打法对攻球类打法的战术

1. 发球抢攻战术的运用

当比赛处于被动局面或比赛进入到关键时刻时，以发近网转与不转短球为主，配合突然性急球扰乱对手，伺机进行反攻。

2. 接发球抢攻的战术运用

这种战术常会打乱对方的作战计划，从心理上给对方造成很大压力，同时也能给同伴创造机会，使自己增强信心和削球的主动性。但在运用接发球抢攻时，应提前向同伴示意做好准备，方能取得预期的效果。

3. 逼削两大角伺机反攻助战术运用

这是当对方实力明显强于本方时采用的一种战术，逼、削两大角使对方忙于左右奔跑，不给对方任何进攻机会，寻找机会果断反攻，有一种搏杀的含义。

4. 削转与不转球的战术运用

在对方拉攻实力相对较弱或其中一名选手相对较弱、或在比

赛进入关键时刻时，多采用此项战术，造成对方判断失误、进攻保守、信心不足等。先以削加转球为主再送不转球，当对方明显手软、不敢轻易大力扣杀时，多送不转或弧线稍高一些的球，引诱对方发力，造成其失误。旋转的变化使对方易产生判断失误，从而导致拉球出界或回球弧线过高出现杀板机会。这是削球选手普遍采用的战术。

5.削一点伺机反攻另一角的战术运用

连续削对方一点，把对方两人调到同一位置上，若对方是两名右手握拍的选手，那么他们为使进攻更有威胁，便会选择侧身进攻。一旦侧身，就会使正手位处在短暂的失去保护的时间，然后守方伺机进攻对方空当；或采用交叉削球到对方不同的空当，使对手不断地向左、右移动，再伺机反攻对方空当或追身。

6.削逼两大角突然送另一角伺机反攻的战术运用

当对方进攻能力比较强并具备很强的杀伤力时，应采用连续交叉逼角战术，使对方在大范围走动中回击来球，不给对方从容扣杀或大力拉冲弧圈球的机会，并寻觅对方回球质量降低的机会，伺机进行反击。这种战术要求削球逼角质量高，主要体现在球的弧线低、角度大、旋转强并具有一定的速度。

（七）防守类打法对防守类打法的战术

1.前、后站位的战术运用

一般两名防守选手配对，两人一定会有各自的特点，一方会偏重于进攻，另一方则更偏重于防守。这样一来，擅长反击的选手可稍前站位，以便于搓球和反击，另一名擅长防守的选手可站位稍后，预防对方突然袭击形成攻守兼备的局面。韩国女双削球组合金景娥和朴美英就是这种站位的最好体现，防守更加稳健的老将金景娥稍稍靠后，相比之下更善于削中反攻的朴美英站位更加靠前。

2.发球抢攻与接发球抢攻的战术运用

由于双方都是防守型打法，一旦形成相持的话对于哪一方都很少能占到主动。这个时候发球抢攻的威力就可以发挥了，一方面可采用特长发球技术伺机进行抢攻，另一方面也可根据同伴的打法特点有选择地发球，以利于同伴进行抢攻。接发球时，尽量使用正手，可以伺机大胆地采用突然性接发球抢攻，以取得主动。

3.防守反击的战术运用

当对方的攻击力强于本方时，在加强防守的同时，积极寻找机会进行反攻，从而削弱对方的攻势。实施此战术时应积极移动步法，同伴要做好连续进攻的准备。

4.拉、搓结合的战术运用

首先要树立抢攻意识，其次搓球要有长短、快慢及旋转的变化，这样才能为突击创造更多的机会，同时也能打乱对方的战术意图，为防守带来良好效果。应注意抢攻要果断、线路要清楚。

二、乒乓球双打基本技巧训练

在乒乓球双打战术教学中，常用的练习方法主要有单人陪练、双人陪练和多球练习等。

（一）一人对两人的定点训练

（1）定点击球练习。

（2）一点打两点，可限制左或右半台区域练习。

（3）半台对全台练习。陪练方在左半台或右半台回击到主练方的全台。

（二）两人对两人的定点训练

陪练方两名选手、主练方两名选手的对练。陪练方两名选手可以以下方式进行。

（1）有序对无序。陪练方不受双打击球次序的限制，可任意一人连续击球。

（2）一点对两点练习。

（3）两点对两点。

（4）两点对一点。

（三）两人对两人的不定点训练

两人对两人的不定点训练是双打战术训练的主要方式之一。

（1）攻对攻练习。

（2）守对攻练习。

（四）双打中的多球训练

（1）双人移动中攻下旋练习。

（2）双人移动中两面攻练习。练习者在移动中以正手或反手还击。可结合推、攻内容进行练习。

（3）双人移动中扑攻练习。

（4）双打走位练习。练习者轮流在移动中进行还击，主要任务是练习走位。

（5）击打目标练习。

（6）综合练习。陪练员用各种手法攻出不同落点的球。练习者根据来球的不同性能，采用相应的技术轮流进行还击。

（7）削中反攻练习。

（8）正反手削球练习。

（9）搓中突击转连续攻击练习。

（10）接长短球练习。

（11）扩大防守练习。

(12)轮流发球练习。大多采用单人多球发球,要求旋转、落点、弧线和速度质量俱佳。

(13)接发球练习。大多采用一人发球、一人接发球的方法。要求判断旋转、落点,采用摆短、挑、点等技术接球。

教练员也可以亲自参加多球训练,应掌握各种不同的攻球技术,并具备充沛的精力与体力。

(五)发球和发球抢攻训练

(1)发球专门练习。要去不断提高发球的质量,增加球路的变化,将球准确地发至规定的落点范围内。

(2)发球与抢攻相结合的练习。

(3)采用比赛或计分练习,进一步提高发球和发球抢攻的质量。

(六)接发球和接发球抢攻训练

(1)接发球专门练习。一般采用二人对练的方式,陪练方发球,主练方接发球,将球接至规定的区域内。

(2)接发球抢攻专门练习。此练习可采用单人陪练,也可采用双人陪练。

(3)采用比赛或计分练习。进一步提高接发球和接发球抢攻的质量。组织专门的接发球抢攻比赛或计分练习。

参考文献

[1]张瑞林.乒乓球运动.北京:高等教育出版社,2005

[2]姜涛.乒乓球教育.长春:吉林大学出版社,2010

[3]钮力书,黄志玲.中国乒乓球俱乐部现状浅析.山西师大体育学院学报,2005,20(4)

[4]唐建军.乒乓球运动教程.北京:北京体育大学出版社,2005

[5]黄睿航.理论分析乒乓球先进技术台内侧拧.考试周刊,2010(55)

[6]中国乒乓球协会.乒乓球竞赛规则(2011).北京:人民体育出版社,2011

[7]苏丕仁.现代乒乓球运动教学与训练.北京:人民体育出版社,2003

[8]刘亚云,黄晓丽.小球运动.长沙:湖南师范大学出版社,2007

[9]西安交通大学体育部.乒乓球·羽毛球·网球.西安:西安交通大学出版社,2001

[10]中国乒乓球协会.全国青少年奥运项目教学训练大纲:乒乓球.北京:人民体育出版社,2011

[11]崔秀馥.乒乓球.北京:北京体育大学出版社,2003

[12]袁文惠.乒乓球教程.北京:黄河水利出版社,2009

[13]李林,杨成波.乒乓球竞赛组织与管理.成都:电子科技大学出版社,2011

[14]程嘉炎.球类运动竞赛法.北京:人民体育出版社,2003

[15]杨世勇等.体能训练.成都:四川科学技术出版社,2002

[16]于少勇，赵志明. 基础体能训练. 北京：原子能出版社，2008

[17]王保成，王川. 球类运动员体能训练理论与方法. 北京：北京体育大学出版社，2005

[18]赵雷，周兴伟. 球类技巧. 北京：中国社会出版社，2007

[19]胡庆华，李建平，卢永森. 高校球类运动体能训练的理论与实践. 长春：吉林大学出版社，2011

[20]李浩松. 乒乓球技战术与训练之二——双打. 北京：人民体育出版社，2002